MAN RAY

L'Interview de *camera*

annoté
par
SONCHÔ FUJITA

les éditions de la
MUSASHINO ART UNIVERSITY

RAY, MAN "Photograph of self-portrait" 1963
© Man Ray Trust/ADAGP, Paris & JVACS, Tokyo, 2001
  Corbis/PPS

まえがき

　この本は，Man Ray, *Ce que je suis et autres textes* (Paris, Hoëbeke, 1998) から« L'interview de *camera* » という章を抜粋，編集したものです．このテクストの中で，マン・レイはあるときは皮肉っぽく，またあるときはユーモアに富んでいて，まさに彼の作品を彷彿とさせるようなさまざまな表情を見せています．彼のことばに接することによって，私たちは20世紀美術という大きな流れの一端に触れることができるでしょう．

　マン・レイの文章はおおむね平易で，フランス語の初級文法を習得した学生なら辞書を使って読み進めることができると思います．また次のような場合には，初級文法の復習もかねてできるだけ詳しい注を付けました．
1) 動詞の法と時制（特に直説法単純過去に関しては，本文中用いられているすべての動詞の不定詞形と活用パターンを注で明らかにしました．）
2) 熟語的な表現
3) 芸術家名などの比較的重要な固有名詞
4) 芸術上の専門用語

　ぜひ，最後まで読み通して下さい．

2001年　盛夏　　　　　　　　　　　　　　　　　　　編者

目次

まえがき……………3

L'Interview de *camera*……………5

NOTES……………41

マン・レイ略年譜……………77

参考文献……………80

L'interview
de *camera**

Pourquoi êtes-vous devenu* photographe?

J'ai été* peintre de nombreuses années, avant de commencer à photographier*. Un jour, j'ai acheté un appareil photographique parce que* je n'aimais pas la façon dont les photographes professionnels photographiaient mes tableaux*. A cette époque à peu près* apparurent* sur le marché les premières plaques panchromatiques*. Cela me donna* la possibilité de prendre, de mes toiles, des photographies noir et blanc* qui restituaient les valeurs tonales des coloris. Je me consacrai de très près au nouveau médium* et, au bout de quelque temps*, je me suis senti expert en la matière*. Ce qui m'intéressait le plus*, c'était les hommes, les visages en particulier. Au lieu de peindre*, j'ai photographié les gens et j'ai par la suite* perdu tout plaisir à peindre des portraits — ou si j'en* peignais, je ne me souciais

plus* de la ressemblance ou des traits extérieurs importants. Je suis finalement demeuré convaincu* que l'on ne peut surtout pas comparer peinture et photographie*. Ce que je peins*, impossible de le photographier. Cela* jaillit de la fantaisie, ou d'un rêve, ou
⁵ d'une impulsion inconsciente. Mais ce que je photographie, ce sont des objets que je n'éprouve aucune joie à peindre, des objets qui existent réellement. La peinture me dégoûtait un peu, et c'est ce qui arrive, comme je le dis souvent : « Si l'on est en pleine possession d'un médium*, force nous est de le mépriser un
¹⁰ peu*.» En d'autres termes*, il s'agit de* dominer la technique appliquée au point qu'* elle ne nous amuse ni ne nous intéresse plus — elle devient banale et quotidienne. C'est pourquoi* je me suis mis à peindre sans pinceau, ni toile, ni palette*. Je disperse mes couleurs au pistolet et à l'air comprimé*. Quel* sentiment merveilleux de peindre sans
¹⁵ entrer en contact avec la toile! Je travaillais pour ainsi dire* tridimensionnellement*, car, si je voulais tirer au pistolet un trait fin, je devais me rapprocher le plus possible de la surface de l'image*. Si je voulais au contraire ajouter une ombre à un objet reproduit, force était de me reculer au loin*. Ce processus m'a enthousiasmé
²⁰ alors. Il a chassé mon aversion momentanée pour la peinture, et particulièrement parce que je m'étais tourné vers l'art abstrait*.

Ainsi, ma curiosité était-elle* réveillée par une nouvelle façon d'utiliser le médium. Quand à son tour* il me parut fastidieux*, j'ai pu revenir à la technique conventionnelle du peintre. Tant que dura cependant cet aller et retour d'une technique à l'autre*, j'ai continué hardiment de faire les portraits photographiques des visiteurs de mon atelier. En silence*, je caressais l'espoir que cela deviendrait à l'occasion mon gagne-pain*. Tous les élèves posent la même question stéréotypée : «Comment parvient-on au succès et à la célébrité?» Je me suis entretenu là-dessus* avec des milliers d'élèves dont un sur mille* peut-être percera. Il y faut du temps, simplement, de la persévérance et même une certaine obstination professionnelle.

Quelle était votre passion? En quoi étiez-vous «possédé»?*

On a comme le sentiment que le jeu est d'une certaine importance*.

Bien sûr* — tout est jeu. Le motif? Ce que je cherche? En premier lieu*, je cherche la liberté. Quand on me disait que j'étais en avance sur mon temps*, ma réponse était invariablement : «Non! Je vis dans mon époque, tandis que *vous* claudiquez derrière!*»

Je l'ai dit* : j'ai continué mon travail. Tantôt je peignais, tantôt* je photographiais, et souvent je faisais les deux à la fois*. J'avais suffisamment de commandes pour m'en tirer*. Et quand je suis venu en France, je suis tombé dans le troupeau des révolutionnaires, des dadaïstes, et ainsi de suite. Je leur ai montré quelques-uns de mes travaux et ils ont trouvé qu'ils étaient exactement du genre pour lequel* ils combattaient. Nous avons donc travaillé ensemble ; nous avons publié des revues et organisé des expositions*. On ne manquait pas de m'inviter à ces manifestations qui sont, entre-temps, devenues historiques. Je ne cesse de répéter aux jeunes : «Vous retardez de quarante ou cinquante ans. Pourquoi ne fondez-vous pas votre propre mouvement? Trouvez un mot qui indique clairement votre volonté! C'est ainsi que vous devriez* faire au lieu de persister à travailler en regardant vers le passé*.» Je ne suis pas un historien. En histoire, j'étais toujours le dernier de la classe.* Je faisais le désespoir de mon maître, qui faillit abdiquer*! Le lendemain d'un examen que j'avais glorieusement et brillamment raté*, il me garda* après l'école. Il prit* le questionnaire de l'examen, me lut* les questions et mit* lui-même les réponses. C'était aussi un moyen de sauver la face*...

Votre façon de travailler vous a-t-elle donné* en Amérique un sentiment d'isolement?

Oui, je l'avoue. Je me suis mis à peindre et à exposer aux environs de 1912. Ma première exposition importante a eu lieu*
5 en 1915 dans une galerie de la 5 ^{e} Avenue* qui encourageait de jeunes peintres américains. Mais personne ne comprit ce que je recherchais*.

Le nom de cette galerie?

Daniel's. Daniel* était comblé par la chance et l'argent. Un de mes amis, un poète*, le persuada d'ouvrir une galerie*: c'était une affaire d'avenir, disait-il. Tous les artistes de New York s'y intéressaient*. C'était tous des gens très gentils, qui visaient malheureusement des buts tout différents du mien*. A ma sortie de l'école, comme je pensais à mon avenir, j'en suis arrivé à une conclusion*: faire *ce que l'on n'attendait pas de moi**; une devise à laquelle je me tiens.

En 1913, on m'invita* à participer à l'*Armory Show**. Mais comme je trouvai* alors que rien ne méritait d'être montré, j'ai refusé. Quand j'ai visité ensuite l'*Armory Show*, j'ai été bien content de n'avoir rien envoyé. Il n'y avait à voir que des peintures cubiques de Picasso et de Picabia*, des tableaux géants de Picabia et Duchamp*, et surtout le tourbillon effervescent* que suscitait la toile *Nu descendant un escalier**. Plus tard*, j'ai dit un jour à Duchamp: «Si vous n'aviez pas intitulé votre œuvre *Nu descendant un escalier*, on lui aurait accordé exactement aussi peu d'attention qu'à celles de Picabia*.» L'incident m'avait ouvert les yeux et j'ai, par la suite, donné un titre à chacune de mes œuvres. Elles ne sont certes pas expliquées par les mots qui leur ajoutent cependant un «élément littéraire»*, pour ainsi dire, et agissent sur la pensée comme un stimulant. Tous n'y réagissent pas mais... beaucoup de ceux dont je l'attends le font*.

Avez-vous montré à cette époque vos travaux à Alfred Stieglitz*?

Certes; j'ai naturellement visité sa galerie*. Elle ne se trouvait qu'à quelques pas de la maison d'édition technique où je gagnais ma vie comme dessinateur*. Dès que s'ouvrait une exposition nouvelle*, je profitais de la pause de midi pour courir à la galerie de Stieglitz. C'était d'autant plus intéressant qu'un photographe particulièrement éminent eut ouvert là une galerie d'art*; il ne présentait pas des photographies, mais de l'art moderne. Aux environs de 1912*, il y eut* par exemple une exposition de collages de Picasso — ces images faites de quelques traits de fusain et de morceaux de journaux colorés*. Une autre fois, il y eut une exposition d'aquarelles de Cézanne: quelques taches de couleur sur papier blanc. Et les surfaces laissées blanches semblaient appartenir à l'image, étant si artistement* distribuées. A force de fréquentes visites, nous avons fini par faire connaissance*. Nous avons bavardé un peu. Cependant, j'étais encore très jeune, très timide et mes travaux n'étaient pas encore — et de loin — au point où* j'espérais les amener. Il m'invita à monter une exposition: j'ai accepté dans la mesure où j'aurais du matériel en suffisance*.

Cela n'est jamais arrivé*. C'était le temps où la photographie commençait de m'intéresser et où je reproduisais mes toiles. Je me demandais pourquoi Stieglitz s'intéressait tant à l'art moderne et exposait des œuvres aussi abstraites que les plastiques de
5 Brancusi* et les aquarelles de Rodin*. Ma conclusion a finalement été qu'il le faisait parce qu'il était photographe et que l'art moderne ne concurrence pas la photographie. Je ne suis jamais allé jusqu'à discuter de ce point avec lui, mais mon sentiment était qu'il souhaitait attribuer à la photographie la place qui lui revenait*. Il
10 se distinguait de l'espèce des photographes habituels et ces différences — ou attitudes révolutionnaires — ne manquaient pas de m'impressionner. Moi aussi, je me sentais révolutionnaire. De plus en plus*, mon intention de faire *ce que l'on n'attendait pas de moi* se renforçait. A mon arrivée à Paris, on m'a recommandé
15 de m'en tenir à la peinture*. Stieglitz me conseillait de m'adresser à quelques collectionneurs; dans une exposition, un riche baron du charbon* avait acheté quelques-unes de mes toiles et Stieglitz disait: «Demandez-lui son appui.» L'homme était très gentil; il me tendit immédiatement un chèque en disant qu'il verrait à Paris*, l'an
20 suivant, mes travaux. Mon offre de quelques-unes de mes toiles fut* repoussée: «Non, je verrai là-bas vos nouveaux travaux

et je choisirai.» L'an suivant, quand il me rendit visite* et constata* que j'étais plongé jusqu'au cou dans la photographie* et gagnais des centaines et des milliers de dollars, il a soupiré: «Mais vous êtes américain! Il vous faut retourner en Amérique*. Vous ne devriez ni rester à Paris, ni renoncer à la peinture. — Je ne renonce pas à la peinture. J'ai assez de temps pour peindre, ai-je répondu. Si je photographie deux heures par jour, c'est suffisant.» En réalité*, je travaillais souvent jusqu'à dix heures en laboratoire. L'optique et la chimie me fascinaient en effet*, et je faisais tout moi-même. Si l'on me demandait la marque de mon appareil photographique, je répondais que jamais on ne demandait* à un peintre des informations sur ses pinceaux et ses couleurs, pas plus qu'à un écrivain la marque de sa machine à écrire. L'appareil était un instrument de travail. Pour nombre de photographes du présent en particulier — il constitue le point de départ de leur travail. Warhol* et Ingres* aussi peignaient tous leurs nus en cachette* et faisaient des quantités de daguerréotypes* qui leur servaient alors de modèles. Mais, en principe*, les peintres du XIXe siècle avaient adopté une attitude négative vis-à-vis de la photographie* dont ils craignaient qu'elle ne les réduisît au chômage*. Le jour où quelqu'un demanda* à Ingres ce qu'il pensait de la photographie, il répondit*: «C'est une chose merveilleuse; seulement... il ne faut pas le dire!»

Vous dites que votre comportement aurait été révolutionnaire envers votre famille même. Existait-il dans votre famille une tradition artistique?

Absolument aucune*. On était contre mon idée de devenir peintre, et cette idée m'obsédait. J'avais une folle envie de peindre*. Qui m'avait transmis ce désir ou qui m'avait contaminé? Je l'ignore. C'était une véritable maladie, et l'odeur de la térébenthine* ou de l'huile avait sur moi le même effet que celle de l'alcool sur un buveur. Cependant, pour ma famille bourgeoise, la pensée de compter un peintre parmi les siens* était insupportable. Il ne m'est finalement rien resté d'autre à faire que de quitter la maison*. Je me suis trouvé une chambre dans le New Jersey. J'ai travaillé — comme je l'ai déjà raconté — en qualité de dessinateur* et j'ai obtenu de ne devoir faire que trois jours de «boulot» par semaine*. Il me restait ainsi bien du temps pour ma peinture. L'argent, je ne m'en souciais pas. La peinture m'intéressait exclusivement.

Suiviez-vous à cette époque ce qui se passait dans le domaine de la photographie, par exemple à la Photo-Secession-Gallery*?

Je n'étais pas au courant de tout*. Je connaissais Steichen*, bien sûr, qui fut d'abord peintre lui aussi, une sorte de peintre de
5 décoration. Mais lui — tout comme moi — voulait devenir un peintre de la société* et, comme Singer Sargent*, portraiturer toutes les belles femmes. En tant qu'artiste*, la photographie ne m'a jamais réellement intéressé. Quand, dans les années trente, on m'entretint* sur le sujet, j'ai publié par l'intermédiaire d'amis
10 littéraires* un petit livre intitulé *Photography Is Not Art** (La photographie n'est pas de l'art). Chacun, naturellement, s'efforçait de prouver que la photographie est pourtant une forme artistique. Stieglitz lui-même travaillait dans ce sens. La discussion sur ce thème n'est pas encore close aujourd'hui. Dans l'intervalle*, mes
15 vieilles photographies sont devenues objets de collection. On les a exposées partout dans le monde et on les a couvertes, en Europe, de médailles et de diplômes*. Si l'on me demande maintenant: «Continuez-vous de croire que la photographie n'est pas une forme d'art?», alors je réponds: «Je n'ai aucune idée de
20 ce qu'est l'art en général*. A mon avis, les vieux maîtres étaient

de bons photographes, avant l'invention de la photographie d'ailleurs... L'art n'est pas photographie.» Et c'est bien plus déroutant encore*.

Pensez-vous que, en vous servant de votre passé photographique, aujourd'hui vous produisez de l'«art»?

Tout est art. C'est une question que je ne discute plus aujourd'hui. Tout ce verbiage sur l'anti-art est insensé. Si l'on veut absolument qualifier d'un mot tout ce qui se fait, «art» est justement celui qui convient*. Mais tout ce qui diffère totalement de ce qui a été jusqu'ici est révolutionnaire. Quand on indique qu'il s'agit de quelque chose de négatif*, on démolit la chose dont il ne s'agit pas, même si la remarque était destinée à démolir l'art*. Les futuristes de l'an 1911 plaidaient pour que l'on mît le feu à tous les musées*. C'était aussi mon avis. J'aimais pourtant les vieux maîtres qui, pour moi, étaient plus que des peintres; leur façon de peindre était apparentée à la manière de travailler en force des forgerons*. Plus tard, Goya*, Uccello* et Manet* même appartinrent* également à cette race. Ces peintres maniaient le pinceau comme le forgeron le marteau*.

Y a-t-il dans votre création actuelle quelque chose qui soit en rapport avec la photographie*?

Tout est en rapport avec la photographie, puisque cela doit finalement être photographié. Il existe une demi-douzaine de livres et de catalogues avec reproductions en couleurs de mes œuvres, 5 et tout est dedans: les Rayographies* couleur, les Rayographies noir-blanc et les photographies.

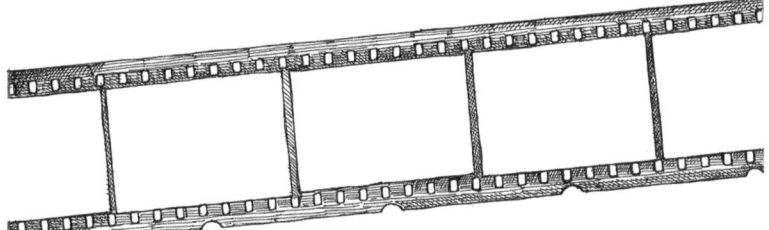

Quelles sont vos préoccupations actuelles?

C'est mon secret. Je ne montre jamais volontiers mes nouveaux travaux. Je préfère attendre, parfois quelques années même. Présentement ont lieu de grandes expositions de mes travaux graphiques, de mes lithographies et de mes gravures*. Il ne s'agit là que de rétrospectives de mes œuvres antérieures. Tout ce que je fais ici (à Paris) est accepté sans hésitation. Mais certains éditeurs américains proposent des modifications. Souvent, ils voudraient remplacer un détail par un autre. Alors, ma réponse est toujours la même: «C'est mon travail; si vous voulez faire autre chose, signez-le alors de votre nom; créez à cause de moi quelque chose vous-même, mais n'essayez pas de changer mes travaux.» Je considère comme des autoportraits tout ce que je fais*.

Je ne touche plus moi-même d'appareil photographique, ou aussi peu que le fait un metteur en scène de cinéma. Les gens interrogent: «Prenez-vous les images vous-même?» Naturellement — et même si une personne étrangère presse sur le déclencheur —, je prends la photographie. On ne va pas demander à un architecte s'il a construit son ouvrage de ses propres mains, pas plus qu'à un compositeur de jouer lui-même tout ce qu'il écrit ! J'ai profité de cette dernière année, du moment où je me suis résolu à ne plus faire moi-même des originaux*. Il m'arrive toutefois d'en faire çà et là*, mais qui ne sont pas destinés à la publication. Ce que j'expose, ce que je reproduis sont des choses que j'ai mises au point au cours des soixante années passées*. Elles ne sont pas datables. En France, certains critiques sont très intelligents. L'un d'entre eux a dit que tout ce que j'expose, reproduis, publie, etc. pourrait être d'aujourd'hui, quand même bon nombre de choses ont quarante sinon soixante ans*!

Il n'y a pas, dans ma carrière, de dates définies. Je dispose de divers «media*» parmi lesquels* la photographie se trouve juste aussi fortuitement que la peinture, l'écriture, la sculpture ou le discours, tout simplement. J'ai publié un livre intitulé *Autoportrait**. Je l'ai écrit sur les pressantes instances d'un éditeur newyorkais qui désirait que je raconte successivement les années vingt, puis les années trente, etc. Je lui dis* : «Voyez-vous*, j'ai commencé bien avant et suis toujours dans le mouvement; il m'est impossible donc de fixer des dates dans le sens où vous l'entendez*; il me faut commencer au commencement et aller jusqu'à la fin !» Mon livre commence donc avec les hasards de ma naissance et s'achève avec mon retour à Paris, en 1951. J'avais, de 1940 à 1951, vécu dix ans en Californie.

Où, en Californie?

J'habitais Vine Street, à Hollywood. J'y avais un merveilleux atelier au milieu de palmiers, de fleurs et du babil des oiseaux*. J'oubliais que je vivais en Amérique comme aujourd'hui je pense à peine que je suis en France*. Vivre entre mes quatre murs me suffit. Le public ne m'intéresse pas. Je trouve que le bon contact avec quelques humains que l'on aime suffit parfaitement. Il me plaît que les gens m'accordent la même confiance que moi à eux* quand nous nous rencontrons, même si nos individualités diffèrent totalement.

Ce que je fais maintenant? Ce que j'ai fait ma vie durant. Quand j'organise une exposition, on me demande: « Sont-ce là vos plus récents travaux?» A ce sujet, j'ai écrit une fois à quelqu'un: «De toute ma vie, je n'ai jamais peint un tableau récent*!» Mon exposition a peut-être été préparée des années auparavant. Par mon mode de vie*, je suis arrivé à développer ma propre personnalité — non pas à développer mais à fortifier. L'essentiel pour l'homme est son individualité. Dans la préface au catalogue d'une exposition de mes travaux dans un musée, j'ai écrit: «Cette exposition n'est pas pensée en fonction du public*, mais à l'inten-

tion d'une seule personne: vous.» Au début, on n'a pas très bien compris, puis on a peu à peu* saisi mon idée. Je ne peux m'occuper que d'une ou deux personnes à la fois*. Je ne pense jamais au grand public, ni pour lui plaire, ni même avec la volonté d'éveiller
⁵ son intérêt. Je le dédaigne tout comme lui-même a méprisé mes travaux pendant bien des années. Il m'a qualifié de farceur*. Mais l'acte créatif demande de l'humour, s'il veut connaître le succès, de l'humour et du plaisir. En Amérique par exemple, une grande partie du dadaïsme est comparable aux pages humoristiques des
¹⁰ journaux; c'est un humour provincial, uniquement compris des gens directement touchés. Il n'a pas été un mouvement surnational, comme alors en Europe*. J'étais très proche des dadaïstes et des surréalistes parce que ce qu'ils faisaient correspondait exactement à mes intentions.

Pourquoi votre retour à Paris?

Finalement, avant la Seconde Guerre mondiale*, j'avais passé vingt ans à Paris, mais, avec tous ces Allemands me tournant autour*, cela n'a pas pu continuer. Une chance que je sois reparti en Amérique*; sans cela — si j'étais demeuré à Paris jusqu'en 1941 — on m'aurait mis dans un camp de prisonniers. J'avais réagi opportunément. Je m'étais entretenu avec des officiers allemands très au courant de la situation. Ils me répétaient: «Restez! Nous avons une quantité de travail pour vous.» Mais j'ai prétexté avoir en Amérique une quantité de commandes en suspens* et ils m'ont laissé partir*, non sans avoir auparavant vérifié si je ne m'étais pas livré à quelque activité politique. Dans le fond, j'ai eu simplement la chance de leur échapper.

Mes années californiennes ont été splendides. Je photographiais et peignais énormément. Je ne travaillais que pour moi, et cela signifie que j'avais atteint un but depuis longtemps fixé*. Je pouvais enfin peindre ce que j'aspirais à peindre depuis vingt ou trente ans déjà, sans y être jamais parvenu*. Des photographies aussi, que j'avais en tête depuis des années, sont nées à ce moment. Ainsi par exemple des sujets aussi abstraits que des objets mathématiques tels que je les trouvais dans les vitrines des universités*. Ils me servaient également de modèles pour des peintures, pour la bonne raison qu'ils étaient des productions humaines et non des éléments naturels.

C'était aussi révolutionnaire en soi*, ou bien... ?

Naturellement; toutes ces images sont parties maintenant. Dans l'espace d'un an, j'ai fait six peintures environ d'objets mathématiques et, quand je me suis arrêté, beaucoup n'avaient pas été peints. En 1951, lors de mon retour à Paris*, j'ai par hasard* trouvé ce studio. Je me suis installé et j'ai repris dès le début une nouvelle vie, pour ainsi dire — peignant comme un possédé de 1950 à 1960*.

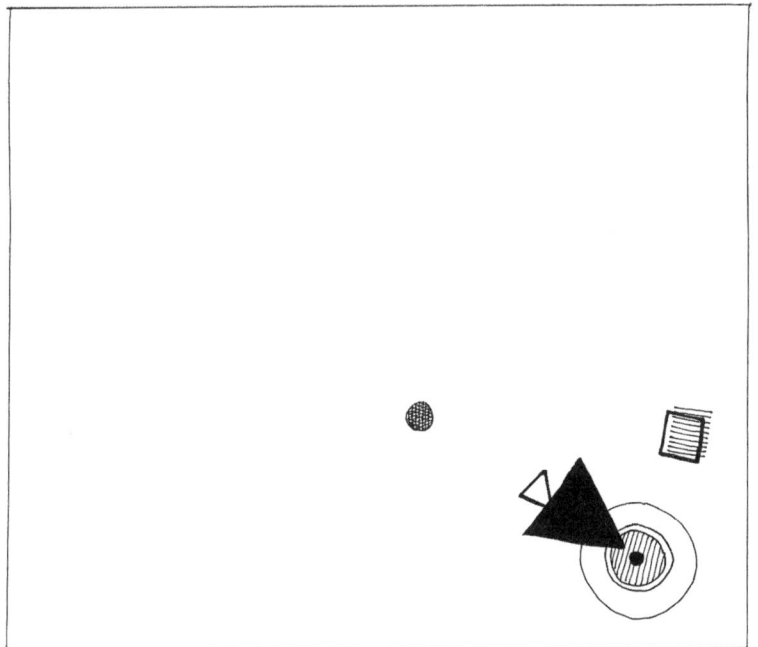

L'Amérique vous a-t-elle causé une désillusion?

Non, non; cela n'a rien à voir avec tout cela*! Hollywood me plaisait formidablement. A mon retour en Amérique en 1940, j'ai fait à New York une halte intermédiaire et l'on m'a offert chez
⁵ *Vogue ou Harper's Bazaar** un studio magnifiquement aménagé. J'étais chargé de toute la photographie de mode, plus les portraits des célébrités et des vedettes du théâtre et du monde du film. Un jour, j'ai dit: «J'ai participé pendant près d'un an à cette guerre effroyable — nous en étions, dans l'intervalle, arrivés à octobre 1940
¹⁰ —, il me faut un peu de vacances*.» Je voulais disparaître, à Hawaï ou Tahiti. J'abandonnai* mon studio avec tout ce qui s'y trouvait — il ressemblait à celui-ci — sans me demander si je le reverrais jamais. Une série de mes toiles se trouvait quelque part à la cave. Je ne suis allé les chercher que sept ans plus tard.
¹⁵   Je me sens à Paris plus libre que là-bas*. Il y a ce proverbe du prophète dans son pays*. Mais moi, peu m'importe de devenir célèbre*. Il me faut de l'argent pour vivre et du temps pour travailler, faire toutes ces choses que l'on ne doit pas faire.

En Californie, j'ai donné beaucoup de conférences et j'ai
²⁰ enseigné. Mes élèves étaient surtout les femmes de producteurs

de films qui n'avaient rien à faire et se contentaient d'apprendre à peindre ou à photographier. Une serveuse même* a pris des leçons de peinture pendant ses heures de liberté. Elle avait du talent; elle a réussi et a obtenu plus tard un poste de professeur de peinture dans une université. J'avais beau être un maître très apprécié*, l'enseignement ne me procurait aucun plaisir. L'Art Center in California, ayant organisé une exposition de mes œuvres*, essaya* de me gagner à la cause du professorat. A quoi je répondis*: «Je suis opposé à toute forme d'éducation.» Je ne pouvais travailler qu'avec un seul élève, ou deux à la rigueur*. Avec mes étudiants en photographie de Paris, c'était la même chose. En leçon privée, je comptais cinquante dollars l'heure*, si ma mémoire est bonne.

Vous avez eu Bill Brandt* comme élève, ou non?

Oui; il est venu au studio. Il m'a demandé s'il pourrait travailler chez moi*. J'ai répondu: «Je ne peux rien vous apprendre. Mais vous pouvez me regarder et aussi m'aider.» Il a tâtonné pendant un temps et s'est révélé finalement photographe, exactement comme Berenice Abbott*. J'ai eu trois ou quatre autres élèves. Tous sont devenus de grands photographes, et célèbres. L'une dirige les archives photographiques du Musée d'Amsterdam. Une autre est photographe officielle à la cour royale du Danemark.

Avez-vous reçu la visite d'autres photographes connus? De Cartier-Bresson*, par exemple, ou de Brassaï*?

Il existe une photographie impromptue de moi avec Duchamp*, prise peu avant sa mort, par Cartier-Bresson. Nous étions assis là où nous sommes maintenant et nous apprêtions à commencer une partie d'échecs quand Cartier-Bresson fit* la photographie. Peu avant l'une de mes expositions, il me proposa*: «S'il vous faut une photographie pour votre publicité, la mienne* pourrait peut-être vous servir.» Je possédais une quantité de photographies. Je suis très rarement derrière l'appareil et beaucoup plus souvent devant*. J'y ai été pour ainsi dire encouragé*!

Pouvez-vous parler un peu de vos rapports avec Atget*?

Je l'ai découvert! Mais je n'ai pas vraiment considéré cela comme un mérite. Dans les années vingt*, il vivait à quelques mètres de mon studio. Il mettait la dernière main à ses épreuves
5 devant la fenêtre, à la lumière du jour*, et, sitôt terminées, il les mettait dans un livre. On pouvait aller acheter une épreuve pour cinq francs, qu'il remplaçait alors aussitôt*. Un jour, je lui demandai quelques plaques pour faire des épreuves sur du papier nouveau, mais il n'en voulut rien savoir*; il se méfiait des innovations. Ses
10 photographies étaient toutes au format 18 x 24 cm. Les épreuves en pâlissaient parce que lavées à l'eau salée*. Comme je lui rendais visite de temps en temps, je lui achetais une photographie ou une autre. Il en avait des centaines et des milliers. Il travaillait principalement pour des peintres*. Il était devenu d'ailleurs lui-
15 même un peintre paysagiste. Il donnait à ses photographies le nom de documents illustrés et la plupart d'entre elles manquaient d'intérêt. J'en possédai finalement trente ou quarante dont je fis cadeau à Beaumont Newhall, auquel elles appartiennent encore*. Elles font partie des images le plus souvent publiées d'Atget*,
20 ayant en elles quelque chose de dadaïste ou de surréaliste.

Atget était un homme tout simple, une sorte de peintre du dimanche qui n'en travaillait pas moins jour après jour avec opiniâtreté*. Quelques-uns de ses travaux, je les ai publiés dans une revue surréaliste des années vingt*. Il s'agissait d'une masse humaine qui se tenait sur un pont et observait une éclipse de soleil. Atget me pria* de ne pas mentionner son nom. Toute publicité lui répugnait. Il disait qu'il ne faisait rien que de la photographie documentaire.

Expliquait-il les raisons de cette aversion*? Il vivait pourtant dans des conditions misérables.

Il était vraiment pauvre. Il n'avait pas d'argent. Il avait été auparavant comédien dans une troupe ambulante*. A sa mort, j'étais en voyage dans le Sud. Berenice Abbott était alors mon assistante. Je l'avais connue à New York — elle avait 18 ans alors — où elle s'essayait à la sculpture. Elle avait précédé ma venue à Paris d'un mois ou deux*. Elle avait faim et me demanda si elle ne pourrait pas m'être utile à quelque chose, vu que j'étais surchargé de travail*. Picasso, Braque*, Matisse* et tous les peintres, tant qu'ils étaient, me persuadèrent de mon désir d'acquiescer* et c'est ainsi qu'elle est devenue mon assistante. Quand Atget mourut*, elle se rendit à son appartement avec son frère, afin de mettre les négatifs en lieu sûr*. Elle réussit* à en publier un livre, paru en France tout d'abord. Elle était enthousiasmée des travaux d'Atget. Après quelques années de collaboration avec moi, devenue bonne photographe, elle a alors trouvé sa voie.

Je ne voudrais pas créer un mythe d'Atget. C'était un homme simple, qui travaillait avec le matériel que l'on se procurait sur les marchés au tournant du siècle*.

L'obturateur de son appareil antédiluvien consistait en un couvercle de métal placé devant l'objectif* et que, pour exposer la plaque, il enlevait pour un temps plus ou moins long.

J'ai, moi aussi, employé cette méthode. J'ai même pris des photographies avec des appareils sans objectif. Un jour que j'étais prié pour des photographies chez un artiste, je suis arrivé chez lui et j'avais tout... sauf l'objectif que j'avais oublié*. Mais, comme je connaissais exactement les qualités optiques de mes objectifs parce que je les avais fait faire selon mes indications*, j'ai su que dans le cas présent il m'aurait fallu un objectif de 30 centimètres de distance focale*. J'ai donc collé l'ouverture jusqu'à un petit trou et utilisé le voile noir comme obturateur*. Ainsi est né mon portrait de Matisse, une image d'une précision si parfaite et si souple qu'elle fait état du moindre détail*.

Cela vous pèse-t-il d'être devenu une figure historique de l'histoire de l'art?

C'est un non-sens, un absolu non-sens. On me traîne à la télévision, à la radio; on multiplie les interviews à l'intention des journaux et des revues. Je fais mon possible pour décourager les gens, mais je suis, jusqu'à un certain point, axé sur la publicité sans laquelle il m'est impossible de faire une exposition*. J'ai renoncé à la photographie il y a une vingtaine d'années*, mais çà et là, si cela me chante*, je fais un portrait. Je ne fais plus les épreuves moi-même depuis qu'il y a à Paris des laboratoires qui s'y entendent parfaitement*. On a fait des progrès inouïs dans toutes les techniques photographiques — aucun dans la «créativité»*. Il existe deux ou trois collectionneurs qui sont en possession de quelque deux cents de mes épreuves*. Le Modern Museum* en a aussi quelque cent cinquante. C'est ainsi qu'a été montée l'exposition du Metropolitan Museum*. Je n'y étais pas, mais on m'a fait parvenir des photographies de cette manifestation organisée également à Pasadena*, à San Francisco et à Washington. J'ai reçu tous les catalogues de l'exposition, et comme les collectionneurs photographient parfois aussi eux-mêmes, l'un ou l'autre y glisse parfois en contrebande* une de ses œuvres, et c'est alors comme s'il avait un certain succès*. Dans de tels cas, je dis: «C'est une mauvaise politique! Ne proposez jamais vos travaux à côté de chefs-d'œuvre. La différence est frappante à l'excès.» Je n'expose jamais mes toiles en compagnie de celles 5 de peintres qui sont des maîtres plus célèbres que moi. Je préfère les expositions individuelles, exactement comme je préfère un seul partenaire pour converser!

NOTES

略語表

cf.	confer	参照せよ				
ex.	exemple	例				

cond.	conditionnel	条件法	*pl.*	pluriel	複数
f.	féminin	女性	*qqn*	quelqu'un	「人」
ind.	indicatif	直説法	*qqch*	quelque chose	「もの」
inf.	infinitif	不定詞	*s.*	singulier	単数
m.	masculin	男性	*subj.*	subjonctif	接続法
n.	nom	名詞			

p. 1.

Pourquoi êtes-vous devenu photographe?

5   2 このインタビューは1975年2月刊行の『カメラ』誌第2号に掲載された (*camera*, no 2, Lucerne, février 1975)。インタビュアーはポール・ヒル (Paul Hill) とトム・クーパー (Tom Cooper)。

3 êtes-vous devenu... ? : devenir の直説法複合過去倒置形疑問文。直説法複合過去形は［助動詞 être あるいは avoir の現在形］+［過去分詞］の形。おもに移動・状態変化を表すいくつかの自動詞 (aller, venir, partir, arriver, entrer, sortir, monter, descendre, rester, tomber, naître, mourir, etc.) の場合、複合過去時制において助動詞に être を用いる。

4 j'ai été : être の直説法複合過去形は助動詞に avoir を用いる。

5 avant de commencer à photographier :「写真を撮り始めるまでは」 avant de *inf.* :「～する前に、～するまで」、 commencer à *inf.* :「～し始める」

5 6 parce que :「なぜならば」Pourquoi...? Parce que... の形で用いられることが多い.

   7 la façon dont les photographes professionnels photographiaient mes tableaux:「プロの写真家が私の絵を写真に撮るやり方」dont は 前置詞 de を含む関係代名詞. photographiaient は動詞 photographier の直説法半過去形. 直説法半過去形の語尾はすべての動詞に共通.

je	— *ais*	nous	— *ions*
tu	— *ais*	vous	— *iez*
il	— *ait*	ils	— *aient*

語幹は直説法現在一人称複数形の語幹.

ex. finir → nous **finiss**ons

したがって finir の直説法半過去の活用は次の通り.

je	finiss***ais***	nous	finiss***ions***
tu	finiss***ais***	vous	finiss***iez***
il	finiss***ait***	ils	finiss***aient***

   8 à peu près :「およそ，だいたい」(*cf.* environ)
   apparurent : 動詞 apparaître の直説法単純過去形. 直説法単純過去の活用は次の4タイプのいずれかになる. apparaître はⅢのタイプ.

	Ⅰ				Ⅱ		
je	— *ai*	nous	— *âmes*	je	— *is*	nous	— *îmes*
tu	— *as*	vous	— *âtes*	tu	— *is*	vous	— *îtes*
il	— *a*	ils	— *èrent*	il	— *it*	ils	— *irent*
	Ⅲ				Ⅳ		
je	— *us*	nous	— *ûmes*	je	— *ins*	nous	— *înmes*
tu	— *us*	vous	— *ûtes*	tu	— *ins*	vous	— *întes*
il	— *ut*	ils	— *urent*	il	— *int*	ils	— *inrent*

Ⅰは不定詞形が - er で終わるすべての動詞. Ⅱは不定詞形が - ir で終わる動詞のほとんどと不定詞形が - re で終わる動詞の多く. Ⅲはその他の不規則動詞と être, avoir . Ⅳは venir, tenir など.

5 9 panchromatiques：全整色（パンクロフィルム）の
donna：動詞 donner の直説法単純過去形．活用はＩのタイプ．

10 noir et blanc：「単色・白黒（の）」(*cf.* monochrome)

12 je me consacrai de très près au nouveau médium：「私は注意深く新しい媒体に取り組んだ」se consacrer à *qqch*：「〜に没頭する，専心する」ここは直説法単純過去形．活用はＩのタイプ．de très près：「注意深く，入念に，一心に」ここでは熱心さの様子を示している．médium：「（表現）媒体，媒剤」の意味．直接的には des plaques panchromatiques を指す．(*cf.* media)

au bout de quelque temps：「しばらくして」

13 je me suis senti expert en la matière：代名動詞の直説法複合過去形は，常に助動詞に être を取る．se sentir...：「（自分が）〜だと感じる」en la matière：「その分野に関して」

ce qui m'intéressait le plus：「もっとも私の関心を引いたのは」ce qui：「〜するもの・こと」intéresser *qqn*：「（人の）興味を引く，関心を持たせる」

14 au lieu de peindre：「描く代わりに」au lieu de *inf.*：「〜する代わりに」(*cf.* à la place de)

15 par la suite：「後になって」．(*cf.* à la place de)

16 en：中性代名詞 en は不定冠詞 des, 部分冠詞 du, de la, 否定文の中で使われる de のついた名詞，前置詞 de に先立たれた名詞などに代わる．en はここでは des portraits を受けている．

6 1 je ne me souciais plus：ne 〜 plus という否定の形は，「もはや〜ない」という意味．

2 je suis finalement demeuré convaincu...：「結局，私は納得するにとどまった」

3 l'on ne peut surtout pas comparer peinture et photographie：「とりわけ絵画と写真は比較することができない」マン・レイの写真に対する一貫した姿勢を表す重要なことば．

6 ce que je peins：「私が描くもの」ce que：「〜するもの・こと」(*cf.* ce qui)

4 cela：「それ」。ここでは ce que je peins を指している。

9 l'on est en pleine possession d'un médium：「ある媒体を完全に自分のものにする」être en possession de *qqch*：「所有する」(*cf.* posséder)

10 force nous est de le mépriser un peu：「私たちはそれを多少軽んじざるを得ない」force est à *qqn* de *inf.*：「〜せざるを得ない」

en d'autres termes：「別の言い方をすれば」

il s'agit de...：「〜が問題である」(*cf.* il est question de...)

11 au point que...：「〜するほど」「あまり〜なので〜だ」

12 c'est pourquoi：「それゆえ」

13 je me suis mis à peindre sans pinceau, ni toile, ni palette：「絵筆もキャンバスもなく、パレットも持たずに描き始めた」se mettre à：「〜し始める」(*cf.* commener à *inf.*) sans (ne) 〜 ni 〜 ni 〜：「〜も〜も〜ない」

14 je disperse mes couleurs au pistolet et à l'air comprimé：「銃や圧縮空気で絵の具をまき散らす」マン・レイ初期の絵画技法の一つ、「アエログラフ」(aérographie) を指すと思われる。

Quel...！：「なんという〜だろう！」ここでは感嘆文。

15 pour ainsi dire：「いわば」

16 tridimensionnellement：「3次元的に」 tri は「3」を意味する接頭辞、dimension は「次元」。

17 je devais me rapprocher le plus possible de la surface de l'image：「できるだけ（描かれた）像の表面に近づかなければならなかった」se rapprocher de：「〜に近づく」、le plus possible：「できるだけ」

19 au loin：「遠くに」

21 je m'étais tourné vers l'art abstrait：「抽象芸術に向かっていた」se tourner vers：「〜の方に向きを変える、向かう」代名動詞の直説法大過

6 去は常に［助動詞 être の半過去］＋［過去分詞］の形.

7 1 Ainsi, ma curiosité était-elle... : ainsi という副詞が文頭に置かれたための倒置. Ma curiosité était ainsi ... の意.（ *cf.* **Peut-être** viendra-t-il... ）

2 à son tour :「今度は（その順番に）」
il me parut fastidieux :「私にはそれが退屈でたまらないものに思われた」
parut : paraître の直説法単純過去形. 活用はⅢのタイプ.

4 Tant que dura cependant cet aller et retour d'une technique à l'autre :「しかしながら, あるテクニックから別のテクニックへと行ったり来たりしている間」tant que... :「～する限り, する間」dura : durer の直説法単純過去形. 活用はⅠのタイプ.

6 en silence :「心ひそかに」

7 l'espoir que cela deviendrait à l'occasion mon gagne-pain :「機会があれば, それが私の商売道具になるかもしれないという期待」
à l'occasion:「機会があれば, ときには」deviendrait : devenir の条件法現在形. 条件法現在形の語尾はすべての動詞に共通.

je	— *rais*	nous	— *rions*
tu	— *rais*	vous	— *riez*
il	— *rait*	ils	— *raient*

語幹は直説法単純未来形の語幹と同じ.

ex. venir → je **viend**rai

したがって venir の条件法現在の活用は次の通り.

je	viend***rais***	nous	viend***rions***
tu	viend***rais***	vous	viend***riez***
il	viend***rait***	ils	viend***raient***

9 là-dessus :「その点に関して」*cf.* sur ce point-là.

10 un sur mille :「千人にひとり」

Quelle était votre passion? En quoi étiez-vous «possédé»? On a comme le sentiment que le jeu est d'une certaine importance.

8 1 En quoi étiez-vous «possédé»?:「あなたは何に心を奪われていたのですか」en quoi:「何に」．前置詞とともに用いられる疑問代名詞は〈物〉について尋ねる場合，［前置詞＋quoi］＋倒置形．〈人〉について尋ねる場合，［前置詞＋qui］＋倒置形．
ex. **A quoi** pensez-vous? **Avec qui** allez-vous au musée?
étiez-vous «possédé»：受動態．受動態は［être ＋ 他動詞の過去分詞（＋ de あるいは par ）］の形．
ex. Sophie invite Paul à dîner. → Paul **est invité** à dîner **par** Sophie.
Tout le monde aime Sylvie. → Sylvie **est aimée de** tout le monde.
（過去分詞は主語の性・数に一致する）

2 le sentiment que le jeu est d'une certaine importance:「遊びが重要だという印象」être d'un (une) ＋名詞（名詞化した形容詞）：一種の強調．
ex. Elle est d'une beauté!

3 bien sûr:「もちろん」

4 en premier lieu:「最初に」(*cf.* premièrement.)

5 quand on me disait que j'étais en avance sur mon temps:「時代に先んじていると人から言われると」être en avance sur...:「～より進んでいる」on me disait que **j'étais**：on は不特定の「人」を表す代名詞．日常会話では「私たち」nous の意味で用いられることが多い．
j'étais は主節の動詞が過去であるため生じた時制の一致．直接話法で書かれた場合は On me disait：«Vous êtes en avance sur votre temps». となる．間接話法の場合，主節が過去時制の時，従属節の時制は次のようになる．

8 過去における現在→半過去

ex. Il m'a dit : «j'aime Renoir». → Il m'a dit qu'il **aimait** Renoir.

過去における過去→大過去

ex. Elle m'a dit : «Je suis allée au musée Rodin». → Elle m'a dit qu'elle **était allée** au musée Rodin.

過去における未来→条件法現在

ex. Il s'est dit : «Ce peintre deviendra célèbre». → Il s'est dit que ce peintre **deviendrait** célèbre.

7 Je vis dans *mon* époque, tandis que vous claudiquez derrière! :「私は自分の時代に生きている．それなのにあなた方が後ろでぐずぐずしているのです．」tandis que... :「～（する）間に，～であるのに」claudiquer :「足をひきずる」(*cf.* boiter)

8 Je l'ai dit :「私はそう言いました」le : 中性代名詞で「そういうこと」の意味．ここはすぐ前のマン・レイ自身のことばを指す．(*cf.* cela)
tantôt... tantôt... :「あるときは～またあるときは～」

9 les deux à la fois :「（描くことと写真を撮ることの）両方を同時に」

10 pour m'en tirer :「何とか暮らして行くのに」s'en tirer :「うまく切り抜ける，立ち直る」

14 pour lequel ils combattaient :「彼らがそれを擁護するために戦っていた」lequel : 前置詞とともに用いられる関係代名詞．先行詞が〈人〉の場合［前置詞 + qui］，先行詞が〈物〉の場合［前置詞 + lequel］(lequel は先行詞の性・数によって変化する)の形．

ex. La femme **avec qui** il parlait est sa financée. C'est la raison **pour laquelle** Man Ray a quitté l'Amérique.

lequel の変化は次の通り．

	m.s.	f.s.	m.pl.	f.pl.
à, de 以外	lequel	laquelle	lesquels	lesquelles
à	auquel	à laquelle	auxquels	auxquelles
de	duquel	de laquelle	desquels	desquelles

8 ex. Le ballet **auquel** je suis allé voir hier était magnifique.

15 nous avons publié des revues et organisé des expositions : 1921年にはデュシャンと共同で雑誌『ニューヨーク・ダダ』（ New York Dada）を刊行，パリで初めての個展「マン・レイ - ダダ展」（ Exposition dada Man Ray）を開催，最初の国際ダダ展「サロン・ダダ」（ Salon Dada International）にも参加している．

20 devriez : devoir の条件法現在形．

9 1 persister à travailler en regardant vers le passé :「頑なに過去の方を向きながら仕事をしようとする」persister à inf. :「あくまで〜しようとする」en regardant : ［en ＋現在分詞］の形をジェロンディフ（現在分詞構文）と言う．主節の主語の行為を副詞的に修飾し，〈同時性・理由・条件〉などを表す．

ex. Elle fait la cuisine **en chantant.**

現在分詞の作り方．語尾はすべての動詞に共通 **– ant**．語幹は直説法現在一人称複数形の語幹．

ex. chanter → nous **chant**ons → chant**ant**
    finir → nous **finiss**ons → finiss**ant**

être, avoir, savoir は例外．

être → **êt**ant, avoir → **ay**ant, savoir → **sach**ant

3 j'étais toujours le dernier de la classe :「私はいつもクラスでビリだった」マン・レイは美術（自由画 dessin libre と製図 dessin industriel）の成績は優秀だったが，それ以外は芳しくなく，特に歴史の勉強が不得意だったらしい．彼の自伝『セルフ・ポートレート』には次のような興味深い記述がある．« A l'âge de quaorze ans, j'entrai au collège. Ce fut là que commencèrent mes véritables ennuis. Outre les habituels cours d'histoire, de mathématiques et de langues étrangères, il y avait deux cours de dessin par semaine : dessin libre et dessin industriel. (...) J'étais donc, sans difficulté, premier en classe et récoltais tous les

9 　honneurs à la fin du trimestre. Mes dessins étaient accrochés au mur et l'on me citait en exemple, ce qui ne me servit guère auprès des autres élèves ; moi aussi, je souffris de leurs facéties. J'étais le fovori du professeur. (...) J'ai déjà dit que mes autres études souffraient de cette passion pour l'art ; l'histoire, en particulier, était ma bête noire. J'étais le dernier, le déshonneur de la classe et le désespoir du professeur.»(Man Ray, *Autoportrait.*)

3 　qui faillit abdiquer :「危うく辞職するところだった」faillit : faillir の直説法単純過去形．活用はⅡのタイプ．faillir *inf.* :「もう少しで～する，危うく～しそうになる」

5 　un examen que j'avais glorieusement et brillamment raté :「私が華々しく，輝かしくも落第した試験」歴史の勉強が大の苦手だったことを，マン・レイ自身皮肉っぽく表現している．j'avais raté : rater の直説法大過去形．直説法大過去形は［avoir あるいは être の直説法半過去形＋過去分詞］の形．

　　garda : garder の直説法単純過去形．活用はⅠのタイプ．

　　prit : prendre の直説法単純過去形．活用はⅡのタイプ．

6 　lut : lire の直説法単純過去形．活用はⅢのタイプ．

　　mit : mettre の直説法単純過去形．活用はⅡのタイプ．

7 　sauver la face :「対面を取り繕う」

Votre façon de travailler vous a-t-elle donné en Amérique un sentiment d'isolement?

10 　1 　Votre façon de travailler vous a-t-elle... : 複合倒置形．主として書きことばに多く用いられる倒置による疑問文で，主語が代名詞以外の場合，代名詞に置き換えてから倒置すること．

　　　ex. Paul vient ce soir. → Paul vient-il ce soir ? 倒置による疑問文で主語が

49

10   3人称単数の場合，動詞の最後の綴りが母音で終わっているときには，意味のない t の文字 (諧音の t) を動詞と代名詞の間に入れる．
ex. Elle a vingt ans. → A-t-elle vingt ans ?

4 ma première exposition a eu lieu :「私の最初の展覧会は開かれた」マン・レイの初めての個展は，1915年10月に後出のダニエル・ギャラリーで開かれた．avoir lieu :「(事件などが) 起こる，(催し物が) 開かれる」

5 une galerie de la 5ᵉ Avenue : マン・レイの記憶違いか．ニューヨーク市5番街の画廊は後出の写真家スティーグリッツが開いた画廊で，ここはマン・レイが初めての個展を開催したダニエルの画廊を指すと思われる．それはニューヨーク市の西47丁目にあった．

7 personne ne comprit ce que je recherchais :「私が何を追い求めているのか，誰も理解しなかった」personne 〜 ne :「誰も〜(し)ない」qu'est-ce que : 間接話法では ce que．
ex. Qu'est-ce que c'est? に je ne sais pas をつけると Je ne sais pas ce que c'est. となる．
comprit: comprendre の直説法単純過去形．活用はⅡのタイプ．

Le nom de cette galerie?

11   2 *Daniel's* : 正しくは「ダニエル・ギャラリー」(Daniel Gallery)．
Daniel : Charles Daniel チャールズ・ダニエル．ダニエル・ギャラリーの持ち主．ダニエルはレストラン経営者の家に生まれ，はじめ酒場を経営していた．子どもの頃から美術に関心があり，詩人のアランソン・ハートペンス Alanson Hartpence の勧めに応じて画廊経営に乗り出す．マン・レイの初めての個展は，1915年10月にそのダニエル・ギャラリーで開かれた．原書では「ダニエル」の綴りが Danielle と女性名になっていたが，明らかに誤りと思われるので訂正した．

3 un poète : ハートペンスのことを指すと思われる．

11 ...le persuada d'ouvrir une galerie：「彼を説得して画廊を開かせた」persuader *qqn* de *inf.*「人を説得して～させる」ここは直説法単純過去形．活用はⅠのタイプ．

5 tous les artistes de New York s'y intéressaient：「ニューヨーク中の芸術家たちがそれ（ダニエルの開いた画廊）に関心を持っていた」s'intétesser à qqch：「～に興味を持つ」y：中性代名詞．中性代名詞のyは［à＋名詞・代名詞・不定詞・節］に代わる場合と［à (dans, sur, etc.)＋場所を表す名詞］（「そこで，そこへ」の意）に代わる場合がある．

ex. Avez-vous réussi aux examens? — Oui, j'**y** ai réussi. あるいは
Vous allez à Paris cet été? — Non, je n'**y** vais pas cet été.

6 des buts tout différents du mien：「私のそれとはまったく違った目的」toutはここでは強調の副詞．du mien：所有代名詞．所有代名詞は〈所有形容詞＋名詞〉に相当し，定冠詞をともなう．

	m.s.	*f.s.*	*m.pl.*	*f.pl.*
je	le mien	la mienne	les miens	les miennes
tu	le tien	la tienne	les tiens	les tiennes
il, elle	le sien	la sienne	les siens	les siennes
nous	le nôtre	la nôtre	les nôtres	
vous	le vôtre	la vôtre	les vôtres	
ils, elles	le leur	la leur	les leurs	

ex. C'est ma voiture. Où est **la tienne** ?

8 comme je pensais à mon avenir, j'en suis arrivé à une conclusion：「自分の将来について考えていて，私は一つの結論に達した」comme：理由や時を表す場合がある．en arriver à *qqch* (ou *inf.*)：「ついに～（する）に至る」

faire *ce que l'on n'attendait pas de moi*：「人が私に期待していないことをする」創作活動においてマン・レイが信条とするところ．彼は繰り返しこの表現を用いている．

11 10 invita : inviter の直説法単純過去形. 活用はⅠのタイプ.

Armory Show：1913年2月から3月にかけてニューヨーク市の屋内教練場（armory）で開催された美術展 International Exhibition of New Art の通称. ピカソ, ブラック, マティスらヨーロッパの前衛芸術, 特にフォービスム, キュビスムが初めて本格的にアメリカに紹介された.

11 trouvai : trouver の直説法単純過去形. 活用はⅠのタイプ.

14 Il n'y avait à voir que des peintures cubiques de Picasso et de Picabia:「ピカソやピカビアの立体絵画しか見るべきものはなかった」

Picabia：Francis Picabia フランシス・ピカビア（1879-1953）. フランスの画家. 新印象主義, キュビスム, 未来派などから影響を受ける. アメリカでダダイスム運動に参加. デュシャンらと雑誌「291」および「391」を編集. のちにダダイスムを離れキュビスムのスタイルに戻る.

Picasso：Pablo Picasso パブロ・ピカソ（1881-1973）. 20世紀を代表するスペイン生まれの画家・彫刻家. キュビスムの創始者. 生涯に膨大な数の作品を残し, さまざまなスタイルを創出, 『アヴィニョンの女たち』『ゲルニカ』などの傑作を残した. peintures cubiques：「立体絵画」マン・レイはここで「立体派の」（cubiste）と言わずにあえて cubique ということばを使っている.

15 Duchamp：Marcel Duchamp マルセル・デュシャン（1887-1968）. フランスの画家, ダダイスム運動の中心人物のひとり. 彫刻家デュシャン＝ヴィヨンの弟. 印象主義, フォービスム, キュビスムの影響を受けたのち, ダダイスム運動に参加. 1921年にはマン・レイらと共同で雑誌『ニューヨーク・ダダ』（*New York Dada*）を編集刊行. 1915年以降おもにアメリカを活動拠点とする.「芸術」を放棄してチェスにふけったり, その行動は多くの謎に満ちている. 死後発見された作品『1.水の落下, 2.照明ガス, が与えられれば』が, 1946-66年にかけて秘密裡に制作されていたことがわかり, 芸術家デュシャンの謎を一層深めることになった.

L'Interview de camera

11 le tourbillon effervescent：「泡立つ渦」デュシャンの作品が引き起こしたスキャンダルについての比喩表現．

16 *Nu descendant unescalier*：「階段を降りる裸体」*Armory Show* でスキャンダルになったデュシャン初期の作品．制作は前年の1912年．

plus tard：「あとになって」

19 «Si vous n'aviez pas intitulé votre œuvre *Nu descendant unescalier*, on lui aurait accordé exactement aussi peu d'attention qu'à celles de Picabia.»：条件法過去の用例．条件法過去形は［助動詞 avoir あるいは être の条件法現在形＋過去分詞］の形．過去の事実に反する仮定のもとに，起こり得た結果を表す．条件節［Si＋主語＋動詞（直説法大過去）］（過去の事実に反する仮定），帰結節［主語＋動詞（条件法過去）］

ex. Si j'avais eu de l'argent, j'**aurais acheté** ce tableau.

celles de Picabia：「ピカビアのそれ（作品）」指示代名詞．性・数の変化がある指示代名詞は次の4通り．

m.s	f.s.	m.pl.	f.pl.
celui	**celle**	**ceux**	**celles**

ex. Son exposition de cette année est meilleure que **celle** de l'année dernière. **-ci**（「こちら」）**-là**（「あちら」）をつけて遠近を表すこともある．

ex. Voilà des tableaux. Vous préférez **celui-ci** ou **celui-là** ?

12 2 qui leur ajoutent cependant un «élément littéraire»：「ともかく，それ（ことば）は作品に文学的な要素を付け加えることばによって」作品につけられたタイトルのこと．

4 beaucoup de ceux dont je l'attends le font：「私がそう期待している多くの人々は，そのような反応をします」ceux：指示代名詞．celui（あるいはその変化形）qui (que)：「～な人」の意．前出の名詞を受けるのではなく，単に「人」を表す．

ex. **Ceux** qui voient ce tableau en admirent la structure.

12 le：中性代名詞．ここでは「作品に付けられたタイトルが作品を観ている人々の思考を刺激すること」を指す．

Avez-vous montré à cette époque vos travaux à Alfred Stieglitz?

13 2　Alfred Stieglitz：アルフレッド・スティーグリッツ (1864 - 1946)．アメリカの写真家で雑誌 *Camera Work* の編集発行者．写真芸術の発展のために，ニューヨーク市に写真家の団体 Photo-Secession を結成．伝統的な写真に対抗して，写真の芸術性を強調した．また5番街に画廊「291」を開き，欧米の前衛芸術を幅広く紹介した．

3　j'ai naturellement visité sa galerie :「もちろん私は彼の画廊を訪れました」galerie :スティーグリッツの画廊「291」を指す．naturellement :「もちろん」．*cf.* bien sûr．

5　Elle ne se trouvait qu'à quelques pas de la maison d'édition technique où je gagnais ma vie comme dessinateur. :「その画廊は，私がイラストレーターとして生活費を稼いでいた技術系出版社のすぐ近くにあった．」マン・レイが実際に行っていた仕事は，レタリングとレイアウトの仕事だったらしい．«(...) je fus engagé comme traceur et graphiste par un éditeur d'ouvrages techniques, spécialiste de construction mécanique.» (*Autoportrait*)　se trouver :「位置する，ある」ne～que という否定の形は「～しか～（し）ない」という意味．où: 場所や時を表す関係代名詞．

ex. C'est l'atelier **où** il a travaillé toute sa vie.

6　Dès que s'ouvrait une exposition nouvelle :「新しい展覧会が開かれるとすぐに」dès que... :「～するや否や」

8　C'était d'autant plus intéressant qu'un photographe particulièrement éminent eut ouvert là une galerie d'art :「とりわけ有名な写真家が画廊

13 　を開いただけにいっそう興味深いものだった。」d'autant plus que... :
「〜であるだけますます」eut ouvert：直説法前過去形．直説法前過去形
は［助動詞 avoir あるいは être の直説法単純過去形＋過去分詞］の形．
単純過去で表される行為の直前に完了した行為を示す．
　　　ex. Dès qu'il **eut fini** son travail, il vint chez moi.
10 　aux environs de 1912：「1912年頃」
　　eut：avoir の直説法単純過去形．活用はⅢのタイプ．
12 　ces images faites de quelques traits de fusain et de morceaux de journaux colorés：「わずかな木炭の線と着色された新聞紙の切れ端によって形作られるイメージ」
15 　artistement：「美しく，趣味よく」 *cf.* artistiquement.
16 　A force de fréquentes visites, nous avons fini par faire connaissance.：「たびたび訪れたため，しまいに私たちは知り合いになった」
à force de...：「〜によって，大いに〜したので」finir par *inf.*：「〜するに至る，最後に〜する」*cf.* commencer par *inf.* faire connaissance (avec)：「(人) と知り合いになる」
19 　au point où...：au point que... 前出 p.44 の注を参照．
20 　dans la mesure où j'aurais du matériel en suffisance：「材料が充分ある限りにおいて」dans la mesure où...：「〜する範囲内で，〜する程度において」aurais：avoir の条件法現在形．en suffisance：「十分に」

14　1 　Cela n'est jamais arrivé.：「そういうことには決してならなかった」ne 〜jamais という否定の形は「決して（一度も）〜（し）ない」という意味．
　 5 　Brancusi：Constantin Brancusi コンスタンティン・ブランクーシ（1876-1957）．パリで活躍したルーマニア出身の彫刻家．はじめロダンに認められる．20世紀前半の前衛芸術家たちと交わりながら，自己の様式を確立．抽象に迫る単純化されたフォルムが特徴で，現代彫刻に大きな影響を与えた．

14　　Rodin : Auguste Rodin オーギュスト・ロダン（1840-1917）．フランスの彫刻家．終生アカデミズムに対する反抗を貫く．その力強く男性的な作品によって，伝統的で静止した彫刻に動きと生命力を吹き込んだ．1900年のパリ万国博覧会で世界的な名声を得た．代表作に『地獄の門』『カレーの市民』などがある．また「現代彫刻の父」とも呼ばれる．

9　la place qui lui revenait :「それ（写真）にふさわしい場所」芸術全体の中で写真が占めるべき地位，評価のこと． revenir à :「帰属する」

13　de plus en plus :「だんだん，次第に」

15　on m'a recommandé de m'en tenir à la peinture :「絵画だけにしておくようにと忠告された」recommander à qqn de inf. :「（人）に〜するように勧める」s'en tenir à qqch :「〜で満足する，〜にとどめる」

17　un riche baron du charbon :「石炭業界の富裕な実業家」ハワード氏．«Un jour, je rendis visite à Stieglitz, lui expliquai ma situation et lui demandai conseil. Il me dit qu'il venait de recevoir la visite d'un collectionneur de tableaux, un baron du charbon en retraite, originaire de Toledo (Ohio), qui avait acheté quelques-uns de mes tableaux chez Daniel, et qui disait beaucoup de bien de moi. M. Howald s'installait à New York.»(*Autoportrait*)

19　en disant qu'il verrait à Paris :「パリで会おうと言って」verrait : voir の条件法現在形．ここでは過去における未来の用法．

21　fut : être の直説法単純過去形．活用はⅢのタイプ．

15　1　il me rendit visite : rendre visite à qqn :「（人を）訪問する」rendit : rendre の直説法単純過去形．活用はⅡのタイプ．
constata : constater の直説法単純過去形．活用はⅠのタイプ．

2　j'étais plongé jusqu'au cou dans la photographie :「私が写真に没頭している」être plongé jusqu'au cou dans... : 「〜に首までつかる，没頭する」

4　Il vous faut retourner en Amérique. :「あなたはアメリカに戻るべきだ」

15 Il me (te, lui...) faut *inf.* :「私（きみ，彼）は〜しなければならない」

8 en réalité :「実際は，現実には」

9 L'optique et la chimie me fascinaient en effet :「実際，光学と化学は私を魅了していた」「光学と化学」は「写真」の比喩. en effet :「事実，実際に」

11 jamais on ne demandait : jamais を強調するための倒置.

16 Warhol : Andy Warhol アンディ・ウォーホル（1928-87）．アメリカの画家，映画制作者．大衆的なイメージを繰り返し用いる反絵画・反芸術的な作品を発表し，60年代ポップアートの代表的な存在となった.『100のスープ缶』などの作品がある.

Ingres : Dominique Ingres ドミニク・アングル（1780-1867）．フランスの画家．イタリア絵画，特にラファエロの影響を受け，抜群のデッサン力と優雅な画風を特徴とする．ロマン主義のドラクロワに対抗する新古典主義の代表者として知られる．おもな作品に『グランド・オダリスク』『泉』などがある.

17 en cachette :「隠れて，こっそりと」

daguerréotypes :「銀板写真，ダゲレオタイプ」

18 en principe :「一般的に，原則として」

20 une attitude négative vis-à-vis de la photographie :「写真に対する否定的な態度」vis-à-vis de... :「〜に対して」(*cf.* envers, à l'égard de)

21 ils craignaient qu'elle ne les réduisît au chômage :「写真のせいで失業に追い込まれることを彼らは恐れていた」réduire *qqn* à... :「〜を〜の状態に陥らせる」réduisît : réduire の接続法半過去形．接続法は主観的な事柄を述べるときに用いられ，多くは接続詞 que に続く従属節の中で使われる．craindre que + *subj* :「〜を恐れる」réduisît という半過去形は，ここでは時制の一致によるもの．接続法半過去形の語尾はすべての動詞に共通．

15

je	— **sse**	nous	— **ssions**
tu	— **sses**	vous	— **ssiez**
il	— ^**t**	ils	— **ssent**

語幹は直説法単純過去二人称単数形を用いる．

ex. être → tu **fus**

したがって être の接続法半過去の活用は次の通り．

je	fu**sse**	nous	fu**ssions**
tu	fu**sses**	vous	fu**ssiez**
il	fû**t**	ils	fu**ssent**

ex. réduire → tu **réduis**

したがって réduire の接続法半過去の活用は次の通り．

je	rédui**sse**	nous	rédui**ssions**
tu	rédui**sses**	vous	rédui**ssiez**
il	réduî**t**	ils	rédui**ssent**

demanda : demander の直説法単純過去形．活用はⅠのタイプ．

16 1 répondit : répondre の直説法単純過去形．活用はⅡのタイプ．

Vous dites que votre comportement aurait été révolutionnaire envers votre famille même. Existait-il dans votre famille une tradition artistique?

17 4 Absolument aucune. : Il n'existait absolument aucune tradition artistique. の意．

　　 6 J'avais une folle envie de peindre. :「絵を描きたくてたまらなかった」avoir envie de qqch, inf. :「〜がほしい，〜したい」

　　 7 térébenthine :「テレビン油」

　　10 la pensée de compter un peintre parmi les siens :「身内に画家を持つという考え」les siens : 前出 p.51 の注を参照．ここでは「身内，仲間」の意味．

17 11　Il ne m'est finalement rien resté d'autre à faire que de quitter la maison. :「結局家を出る以外にどうすることもできなかった」Il me(te, lui) reste... :「私（君，彼）にはまだ〜（すること）が残っている」Il は非人称代名詞．ne〜rien という否定の形は「何も〜ない」という意味．rien d'autre que... :「〜以外の何も」

13　en qualité de dessinateur :「イラストレーターとして」en qualité de :「〜の資格で」(cf. en tant que, comme)

14　j'ai obtenu de ne devoir faire que trois jours de «boulot» par semaine:「私は週3日働けばいいという許可を得ていた」obtenir de inf. :「〜する許しを得る」par semaine :「週に」boulot :「仕事」の口語的な表現．(cf. travail, emploi, métier, etc.)

Suiviez-vous à cette époque ce qui se passait dans le domaine de la photographie, par exemple à la Photo-Secession-Gallery?

18　2　Photo-Secession-Gallery : 前出p.54の注を参照．

3　Je n'étais pas au courant de tout. :「私はすべての事情に通じていたわけではありません．」être au courant de... :「〜を知っている，通じている」

Steichen : Edward Steichen エドワード・スタイケン（1879-1973）．アメリカの写真家．

6　un peintre de la société :「上流社会の画家」

Singer Sargent : John Singer Sargent ジョン・シンガー・サージェント（1856-1925）．アメリカ出身の画家．おもにパリとロンドンで活躍した．ベラスケスなどの影響を受けた印象派風の肖像画で知られる．

7　en tant qu'artiste :「芸術家として」

9　entretint : entretenir の直説法単純過去形．活用はⅣのタイプ．

18 10　par l'intermédiaire d'amis littéraires :「文学仲間の仲介で」par l'intermédiaire de... :「～を介して」

　　　Photography Is Not Art :「写真は芸術ではない」．1937年にアンドレ・ブルトンの序文を添えて，パリで刊行されたマン・レイの写真集を指す．（タイトルはフランス語 *La Photographie n'est pas l'art*, Paris, GLM, 1937 ）．彼はまた『ヴィユー』誌（*View*, no.1. April-October 1943）に同名のエッセーを発表している（タイトルは英語 *Photography Is Not Art* ）マン・レイの重要な写真論．

　　14　dans l'intervalle :「その間に」(*cf.* pendant ce temps)

　　17　on les a couvertes, en Europe, de médailles et de diplômes :「ヨーロッパでは，それら（昔の写真）にメダルや賞状が与えられた．」例えば，マン・レイは1963年，ヴェネツィア写真ビエンナーレで金賞を受賞している．

　　20　Je n'ai aucune idée de ce qu'est l'art en général. :「一般に芸術とは何かということについて，私はどんな考えも持ち合わせていない．」

　　　ce qu'est l'art : 間接疑問節．直接話法の場合は Qu'est-ce que l'art?

19　3　c'est bien plus déoutant encore :「その方がずっと人を当惑させる」

Pensez-vous que, en vous servant de votre passé photographique, aujourd'hui vous produisez de l'«art»?

20　6　celui qui convient :「ふさわしいそれ（ことば）」．

　　 8　quelque chose de négatif :「何か否定的なこと」quelque chose のような代名詞（不定代名詞）に形容詞を付ける場合，前置詞 de をともなう．(*cf.* rien **de** nouveau)

　　10　même si la remarque était destinée à dédolir l'art :「たとえその指摘が芸術の解体を目指していたとしても」．même si... :「たとえ～としても」．être destiné à *qqch*, *inf.* :「～に（するのに）あてられる」

L'Interview de camera

20 11　Les futuristes de l'an 1911 plaidaient pour que l'on mît le feu à tous les musées：「1911年の未来派の人々は，すべての美術館に火をつけろと訴えていた．」les futuristes：「未来派」．イタリアの詩人マリネッティを中心とする芸術運動．芸術も新時代にふさわしいものでなければならないとして，いっさいの過去との決別を主張，機械文明に代表される力と速度に表現の可能性を求めた．ダダをはじめとする20世紀の芸術運動に少なからぬ影響を与えた．pour que..：「～するために」que 以下の節は接続法を取る．mît: mettre の接続法半過去形．接続法半過去の活用は，前出p.58の注を参照．

14　leur façon de peindre était apparentée à la manière de travailler en force des forgerons：「彼らの描き方は，鍛冶屋が力一杯仕事をするそのやり方に似通っていた」．être apparenté à...：「～に似通った」．en force：「力一杯」

Goya：Francisco de Goya フランシスコ・デ・ゴヤ（1746-1828）．スペインの画家．鋭い心理描写にまで達する写実的な肖像画や『マハ』に代表される肉体描写の傑作を残した．亡命先のフランスで客死．印象派の先駆者のひとりとしても評価されている．

Uccello：Paolo Uccello パオロ・ウッチェロ（1397-1475）イタリアの画家．フィレンツェに生まれ，同地で没．写実的であると同時に幻想的な作風を特徴とする．フィレンツェ派ならびに後代の絵画に大きな影響を与えた．

Manet：Edouard Manet エドゥワール・マネ（1832-1883）フランスの画家．パリに生まれ，スペイン絵画の影響を受けて出発．ボードレールら象徴派の詩人から注目される．1863年のサロン落選者展に『草上の昼食』，65年のサロンに『オランピア』を出品してスキャンダルを引き起こした．平面的な画面構成と明るく新鮮な色彩を特徴とする彼の斬新な表現は若い画家たちを引きつけ，そこから印象主義運動が起こった．

15　appartinrent：appartenir の直説法単純過去形．活用はⅣのタイプ．

20 16　comme le forgeron le marteau : comme le forgeron manie le marteau の意.

Y a-t-il dans votre création actuelle quelque chose qui soit en rapport avec la photographie?

21 2　quelque chose qui soit en rapport avec la photographie :「写真に関係する何か」soit : être の接続法現在形. ここは Y a-t-il...? という疑問を表す節の quelque chose という語を限定しているため, qui 以下の関係詞節に接続法が使われている. 接続法現在形の語尾は avoir と être を除きすべて共通.

je	— *e*	nous	— *ions*
tu	— *es*	vous	— *iez*
il	— *e*	ils	— *ent*

語幹の多くは直説法現在三人称複数形の語幹.

ex. finir → ils **finiss**ent

したがって finir の接続法現在の活用は次の通り.

je	finiss**e**	nous	finiss***ions***
tu	finiss**es**	vous	finiss***iez***
il	finiss**e**	ils	finiss***ent***

aller, venir, faire, prendre, vouloir, pouvoir, savoir　などは, 語幹が特殊なので活用させる場合は注意が必要. avoir と être は語幹・語尾ともに特殊.

	avoir				**être**		
j'	**aie**	nous	**ayons**	je	**sois**	nous	**soyons**
tu	**aies**	vous	**ayez**	tu	**sois**	vous	**soyez**
il	**ait**	ils	**aient**	il	**soit**	ils	**soient**

6　Rayographies :「レイヨグラフ」マン・レイが発明した写真機を使わずに, 印画紙の上に何か物体を置き直接感光させる方法で,「レイヨグラ

21 フ」は彼自身の造語. «C'est au cours du développement que je tombai sur un procédé pour faire des photos sans appareil : je nommai celles-ci *rayographes*. Une feuille de papier vierge se trouva sous les négatifs, parmi celles qui étaient déjà exposées. D'abord j'exposai à la lumière plusieurs feuilles que je développai plus tard ensemble. Tout en regrettant d'avoir gaspillé du papier, je posai machinalement un petit entonnoir de verre, le verre gradué et le thermomètre dans la cuvette, sur le papier mouillé. J'allumai la lumière. Sous mes yeux, une image prenait forme. (...) J'étais très excité, et je m'amusais énormément. Le lendemain matin, j'examinai les résultats et épinglai au mur quelques rayographes, que je trouvai étonnament mystérieux et neufs.»(*Autoportrait*)

Quelles sont vos préoccupations actuelles?

22 5 Présentement ont lieu de grandes expositions de mes travaux graphiques, de mes lithographies et de mes gravures. : 主語は de grandes expositions... mes gravures . 主語が長いための倒置．［主語］＋［動詞（自動詞）］＋［副詞（句）］の語順の場合，主語が代名詞以外でしかも長いとき，フランス語ではしばしばこのように主語が倒置され，［副詞（句）］＋［動詞（自動詞）］＋［主語］の語順になる．

14 Je considère comme des autoportraits tout ce que je fais. :「私は自分が作るものすべてを自画像とみなしています」considérer A comme B: A を B とみなす．

23 3 du moment où je me suis résolu à ne plus faire moi-même des originaux:「原版を自分自身で作らないと決めたからには」du moment où (que)＋ *ind.* :「～するときから，～である以上」se résoudre à *qqch, inf.* :「～（すること）を決心する，覚悟する」

23 4　Il m'arrive toutefois d'en faire çà et là :「とは言っても、あちこちでそうすることもあるにはあります」il arrive à *qqn* de *inf.* :「～（ということ）が起こる，ある」en :中性代名詞．ここは des originaux を受ける．çà et là :「そこここ，あちこち」

　6　des choses que j'ai mises au point au cours des soixante années passées :「過去60年間に私が仕上げたもの」des choses que j'ai mises au point :直説法複合過去の時制で助動詞 avoir が使われ，直接目的語が助動詞の前に置かれた場合，過去分詞は直接目的語と性・数を一致させる．*ex.* Vous avez vu cette sculpture? ― Oui, je l'ai vu**e**.
mettre au point :「（作品を）仕上げる，（レンズの）焦点を合わせる」

　10　quand même bon nombre de choses ont quarante sinon soixante ans :「それでもかなり多くの作品は，60年とまでは行かなくとも40年はたっているのです」quand même :「それでも，やはり」(*cf.* tout de même, malgré cela) nombre de :「数多くの」bon はここでは強調の副詞．(*cf.* beaucoup de) sinon :「～でないとしても，～を除けば」

　12　«media» :「表現手段，媒体」の意．マン・レイはこの語を médium とほぼ同じ意味で用いている．(*cf.* médium)
parmi lesquels :前置詞とともに用いられる関係代名詞．前出 p.47 の注を参照．

　14　*Autoportrait* :マン・レイの自伝のフランス語訳タイトル．初出は1963年，英語版 Man Ray, *Self Portrait*, London, André Deutsch, Boston, Atlantic - Little, Brown & Company Inc., 1963. 次いでフランス語訳 Man Ray, *Autoportrait*, Paris, Robert Laffont, 1964. イタリア語訳 Man Ray, *Autoritratto*, Milan, Gabriele Mazzotta, 1975. が出版された．マン・レイのもっとも重要な著作のひとつ．

　17　dis : dire の直説法単純過去形．活用はⅡのタイプ．
Voyez-vous :「おわかりでしょうが」挿入句．

　19　il m'est impossible donc de fixer des dates dans le sens où vous l'en-

23　tendez :「だからわたしには、あなたが言おうとしているような意味で年号を確定することができないのです」

Où, en Californie?

25　3　au milieu de palmiers, de fleurs et du babil des oiseaux :「棕櫚の木々や花々や鳥のさえずりに囲まれた」au milieu de :「〜の真ん中で、〜の最中に」

　　5　comme aujourd'hui je pense à peine que je suis en France :「今日、自分がフランスにいるとはほとんど思わないように」à peine :「かろうじて〜する、ほとんど〜（し）ない」

　　9　Il me plaît que les gens m'accordent la même confiance que moi à eux :「私が（出会った）人々を信頼するのと同じように、彼らが私を信頼してくれるとうれしい」il plaît à *qqn* (de *inf.*) que + *subj.* :「〜することは〜の気に入る」il は非人称主語代名詞. même〜que... :「〜と同じ〜」

　　14　*Autoportrait* の中の一節を指すと思われる. «Il y avait fort à faire de ce côté-là. En plus de la reconstitution des toiles que je croyais perdues, j'avais des croquis et des notes pour de nouvelles toiles que je n'avais pas eu le temps de rérliser à Paris. Quand j'aurais terminé celles-ci, je pourrais, sans mentir, me servir d'une de mes expressions préférées : que, jamais, je n'avais peint une toile récente.» (*Autoportrait*)

　　16　par mon mode de vie :「自分の生活様式によって」

　　20　en fonction du public :「（ひとくくりにされた）大衆のために」en fonction de :「〜に応じて、〜のために」(*cf.* par rapport à, selon) ここでは次の à l'intention de... とほぼ同じ意味.

26　2　peu à peu :「だんだん、次第に」(*cf.* de plus en plus)

　　3　Je ne peux m'occuper que d'une ou deux personnes à la fois. :「私は一度に2，3人しか相手にすることができません。」s'occuper de *qqch*,

26   *qqn* :「取り組む，引き受ける，関心を持つ」

6   Il m'a qualifié de farceur. :「大衆は私をふざけ屋と呼びました。」
qualifier *qqn, qqch de...* :「～を～と形容する，呼ぶ」(*cf.* nommer, appeler)

12   Il n'a pas été un mouvement surnational, comme alors en Europe. : Il n'a pas été un mouvement surnational, comme il l'était alors en Europe.「(アメリカにおいて) ダダイスム運動は，当時ヨーロッパにおいてそうであったような超国家的な運動にはならなかったのです。」
surnational「超国家(民)的な」comme は否定文中に用いられた場合，否定語に先行するか後続するかで意味が異なる．

ex. Je ne sais pas comme vous ce qui s'est passé. : Je ne sais pas, comme vous le savez, ce qui s'est passé.「何が起こったかあなたはご存じでも，私は知りません。」

ex. Comme vous, je ne sais pas ce qui s'est passé. : Comme vous ne le savez pas, je ne sais pas ce qui s'est passé.「何が起こったかあなたがご存じないように，私は知りません。」

Pourquoi votre retour à Paris?

27 2   la Seconde Guerre mondiale :「第二次世界大戦」

4   ces Allemands me tournant autour : ces Allemands qui tournaient autour de moi「私を取り囲むあのドイツ人たち」

5   Une chance que je sois reparti en Amérique; :「再びアメリカに発ったのは幸運だった」ここは C'était une chance que je sois reparti en Amérique. の意．c'est une chance que + *subj.* . sois reparti: repartir の接続法過去形．接続法過去形は［avoir あるいは être の接続法現在形＋過去分詞］の形．

10   une quantité de commandes en suspens :「棚上げされたたくさんの注

27		文」une quantité de :「たくさんの」(*cf.* un grand nombre de, un tas de) en suspens :「中断されたままの，未決定の」
	11	ils m'ont laissé partir :「私を出発させてくれた」laisser + *n.* + *inf.* :「～が～するままにさせておく」
	16	j'avais atteint un but depuis longtemps fixé :「ずっと以前から定められていた目的をもう成し遂げていた」avait atteint : atteindre の直説法大過去形．depuis longtemps :「ずっと前から」
	18	sans y être jamais parvenu :「決してそれをやり遂げることはなかったが」sans *inf.* :「～することなしに」parvenir à *qqch* :「～に到達する」y : à ce que j'aspirais à peindre... の意．
28	1	des objets mathématiques tels que je les trouvais dans les vitrines des universités :「以前私が大学のガラスケースの中に見つけたような数学的オブジェ」tel que... :「～のような」．ここで言う「数学的オブジェ」とは1934-36年頃パリで撮った写真のシリーズ『数学的オブジェ』をもとに，1940年から50年にかけてのアメリカ滞在中に油絵に描き直した作品群，『シェークスピアの方程式』(Shakespearian Equations)を指していると思われる．またこの時期には『回転扉』(Revolving doors) シリーズのような古い幾何学的な作品を再制作している．

C'était aussi révolutionnaire en soi, ou bien... ?

29	1	en soi :「それ自体」
	5	lors de mon retour à Paris :「パリに戻ったとき」
	6	par hasard :「偶然」
	8	peignant comme un possédé de 1950 à 1960 :「1950年から1960年にかけて取りつかれた人のように描きました」peignant : peindre の現在分詞．

L'Amérique vous a-t-elle causé une désillusion?

30 2 cela n'a rien à voir avec tout cela :「それ（パリに戻ったこと）はそういったこと（アメリカに幻滅したのではないかということ）とは全然関係ありません。」n'avoir rien à voir avec *qqch*：「〜とは関係がない」

5 *Vogue* ou *Harper's Bazaar*：ともにアメリカを代表するファッション誌．

10 il me faut un peu de vacances :「私には少し休暇が必要だ」il (me, te...) faut *n.*：「（〜には）〜が必要だ」un peu de :「少しの〜」(*cf.* beaucoup de).

11 abandonnai : abandonnerの直説法単純過去形．活用はⅠのタイプ．

15 Je me sens à Paris plus libre que là-bas. :「パリでは，あそこ（アメリカ）にいるよりも自由な気がします。」

16 Il y a ce proverbe du prophète dans son pays. :「自分の故郷における預言者についてのあの諺があるでしょう。」新約聖書「ヨハネによる福音書」に記されたイエスの「預言者は自分の故郷では敬われないものだ」ということばを指す．

17 peu m'importe de devenir célèbre :「有名になるということは，私にはどうでもいいことです」peu m'importe :「どうでもいい，大したことではない」

31 2 une serveuse même :「ある女給さえもが」ドーリー嬢のこと．*cf.* «Une élève en peinture, elle, était d'une espèce totalement différente. Dolly évoluait dans d'autres milieux : elle était serveuse dans un restaurant et consumée par la passion de la peinture. Ayant acquis une technique suffisante pour pouvoir placer des couleurs et des formes distinctes sur une toile, elle venait me voir chaque fois qu'elle avait un après-midi libre.»(*Autoportrait*)

6 J'avais beau être un maître très apprécié :「教師として高い評価を得ようとしても無駄だった」avoir beau *inf.* :「いくら〜しても無駄だ」

31 7　ayant organisé une exposition de mes œuvres :「私の作品の展覧会を開いて」

8　essaya : essayer の直説法単純過去形. 活用はⅠのタイプ.

9　A quoi je répondis :「それに対して私はこう答えました」quoi は，ここでは関係代名詞. ce, rien, chose など漠然とした意味の語を先行詞として，常に前置詞とともに用いられる.

ex. Ce **à quoi** tu penses n'est pas facile à réaliser.

répondis : répondre の直説法単純過去形. 活用はⅡのタイプ.

10　à la rigueur :「やむを得なければ，ぎりぎり譲歩して」

12　Je comptais cinquante dollars l'heure :「時給50ドルもらっていた」
compter :「（金を）支払う，請求する」

Vous avez eu Bill Brandt comme élève, ou non?

32 1　Bill Brandt : ビル・ブラント（1905-1983）イギリスの写真家. 後出のベレニス・アボットやリー・ミラーと同様，1920年代にマン・レイの助手として彼のもとで働き，写真を学ぶ. 後に，特異な遠近法と光の使い方によって，女性ヌード写真に新境地を開いた.

3　Il m'a demandé s'il pourrait travailler chez moi. :「彼は，私のところで働けるかどうか私に尋ねた.」si :この場合「～かどうか」の意.

cf. Je ne sais pas **s'**il viendra demain ou pas.

6　Berenice Abbott : ベレニス・アボット（1898-1991）アメリカの女性写真家. 初め彫刻家を志すが，1920年代パリでマン・レイの助手になったことがきっかけで写真家を志す. アッジェに心酔し，彼の写真を収集，展覧会を開催し写真集を出版したことでも知られる. アッジェの写真が散逸を逃れ，正当な評価を受けるようになったのは，彼女の力によるところが大きい. アメリカ帰国後はニューヨーク市をテーマに制作した.

Avez-vous reçu la visite d'autres photographes connus? De Cartier-Bresson, par exemple, ou de Brassaï?

33 2 Cartier-Bresson : Henri Cartier-Bresson アンリ・カルチエ＝ブレッソン（1908- ）フランスの写真家．偶然小型カメラ，ライカを手にしたことから写真の道に進む．作品集に『決定的瞬間』(*The Decisive Moment*, フランス語版タイトル *Images à la sauvette*) がある．キャパらと写真家集団「マグナム」を結成．フォト・ジャーナリズムに大きな影響を与えた．
Brassaï：ブラッサイ（本名ギューラ・ハラッシュ Gyula Halász）(1899-1984) ハンガリー出身の写真家．パリを主な活動拠点とする．彫刻家・画家・詩人としても知られる．パリの壁の落書きを撮った写真集『グラフィティ』(*Graffiti*) などが有名．

3 une photographie impromptue de moi avec Duchamp：「デュシャンと一緒の私を準備なしに撮った写真」photographie impromptue：「即興写真」この場合 photographie instantanée「スナップ写真」に近い．

6 fit : faire の直説法単純過去形．活用はⅡのタイプ．

7 proposa : proposer の直説法単純過去形．活用はⅠのタイプ．

8 la mienne：「私のそれ（私が撮った写真）」前出p.51の注を参照．

11 Je suis très rarement derrière l'appareil et beaucoup plus souvent devant.：「私はカメラの後ろにいることはとてもまれで，前にいることの方がはるかに多いのです．」
J'y ai été pour ainsi dire encouragé!：「まあ何というか，そうするように（被写体になるよう）勧められたものですから．」encourager *qqn* à *inf.* :「人に～するように励ます，勧める」y : 中性代名詞．

L'Interview de camera

Pouvez-vous parler un peu de vos rapports avec Atget?

34 1 Atget：Eugène Atget ウジェーヌ・アジェ（1856-1927）フランスの写真家．初め水夫，次いで俳優を志すがうまく行かず，画家たちとの交流を通じて40歳を過ぎてから写真をはじめる．パリの風物を好んで撮影した．カルチエ＝ブレッソンに与えた影響が大きいと言われる．マン・レイが語っているように，多くの画家が彼の写真を下絵にして描いたらしい．生前に発表された作品は，マン・レイによってシュールレアリストの機関誌『シュールレアリスム革命』(La Révolution surréaliste) に掲載された４点のみとされている．アジェの死後，彼の残した１万点におよぶネガの内，アボットによって8000点が買い取られ，パリで遺作展が開かれるとともに作品集も出版された．彼女はそれをニューヨーク近代美術館にすべて寄贈している．

3 dans les années vingt：「1920年代」

5 Il mettait la dernière main à ses épreuves devant la fenêtre, à la lumière du jour：「彼は窓辺にいて，陽の光の中でプリントに最後の仕上げを施していた」mettre la dernière main à qqch：「〜に最後の仕上げをする」

7 On pouvait aller acheter une épreuve pour cinq francs, qu'il remplaçait alors aussitôt.：「写真は一枚５フランで買いに行くことができた．（売れると）彼はすぐに（新しいものと）取り替えるのだった．」

9 mais il n'en voulut rien savoir：「しかし彼はそれについては何も知りたがらなかった」en：中性代名詞．ここでは「それについて」de cela の意味．voulut：vouloir の直説法単純過去形．活用はⅢのタイプ．

11 Les épreuves en pâlissaient parce que lavées à l'eau salée.：「写真は塩水で洗浄したため色あせていた．」

14 Il travaillait principalement pour des peintres.：上のアジェに関する注を参照．

18 J'en possédai finalement trente ou quarante dont je fis cadeau à

71

34 　　Beaumont Newhall, auquel elles appartiennent encore. :「結局, 私はアジェの写真を30〜40枚持っていましたが, ボーモント・ニューホールにあげてしまいました. それらはまだ彼のところにあります.」possédai : posséder の直説法単純過去形. 活用はⅠのタイプ. fis : faire の直説法単純過去形. 活用はⅡのタイプ. faire cadeau de *qqch* à *qqn*:「〜に〜を贈る」auquel : この場合 à qui に置き換えることができる.

　　Beaumont Newhall : ボーモント・ニューホール. 当時彼はニューヨーク, ジョージ・イーストマン・ハウスのキュレーター. このエピソードは, 彼が美術品の買い付けのためにパリを訪れた際の出来事. 正確にはもらったのではなく, 買い取っていたらしい.

19 　Elles font partie des images le plus souvent publiées d'Atget :「それらはよく出版されるアジェの作品の一部を成しています」

35　3 　Atget était un homme tout simple, une sorte de peintre du dimanche qui n'en travaillait pas moins jour après jour avec opiniâtreté :
「アジェはまったく素朴な人物で, 日曜画家のようなものでした. それでも, 根気よく来る日も来る日も仕事をしたのです.」n'en〜pas moins:「それでもやはり〜だ」. jour après jour :「来る日も来る日も, 日ごとに」avec opiniâtreté :「しつこく, 根気よく」

　　4 　Quelgues-uns de ses travaux, je les ai publiés dans une revue surréaliste des années vingt : 前出p.71のアジェに関する注を参照.

　　6 　pria : prier の直説法単純過去形. 活用はⅠのタイプ

Expliquait-il les raisons de cette aversion? Il vivait pourtant dans des conditions misérables.

36　1 　cette aversion :「そうした嫌悪」前ページのマン・レイの «Toute publicité lui répugnait» ということばを受ける.

　　4 　une troupe ambulante :「旅芸人の一座」前出p.71のアジェに関する注を参照.

36 8 Elle avait précédé ma venue à Paris d'un mois ou deux：マン・レイの記憶が若干あいまいで，ベレニスは，正確には少なくともマン・レイが到着する4カ月前にはパリに来ていたらしい．

10 si elle ne pourrait pas m'être utile à quelque chose, vu que j'étais surchargé de travail：「私が仕事を山ほど抱えているのを見て，何か私の役に立てないだろうかと」

Braque：Georges Braque ジョルジュ・ブラック（1882-1963）フランスの画家．ピカソとともにキュビスム運動の中心的人物．版画，タピスリー，彫刻など多方面に作品を残している．『手帖』(Cahier)などの著作もある．

Matisse：Henri Matisse アンリ・マティス（1869-1954）フランスの画家．パリ国立高等美術学校でギュスターブ・モローの教えを受ける．フォーヴィスムの創始者．卓越したデッサン力，鮮やかな色彩と平面的で単純な画面構成を特徴とする．『画家のノート』(Note d'un peintre) などの著作もある．

12 Picasso, Braque, Matisse et tous les peintres, tant qu'ils étaient, me persuadèrent de mon désir d'acquiescer：「ピカソ，ブラック，マティスら（そこに）いるだけのすべての画家たちが，私を説得して（彼女を助手にすることに）同意する気持ちにさせた」この箇所はまわりくどい表現．persuader *qqn* de *qqch*, *inf.*：「〜に〜することを納得させる」acquiescer：「同意する」(*cf.* consentir)

13 mourut：mourir の直説法単純過去形．活用はⅢのタイプ．

14 afin de mettre les négatifs en lieu sûr：「ネガを安全な場所に置くために」afin de *inf.*：「〜するため」mettre *qqch* en lieu sûr：「〜を安全な場所に置く」

réussit：réussir の直説法単純過去形．活用はⅡのタイプ．

37 1 au tournant du siècle：「世紀の（時代の）変わり目に」

3 L'obturateur de son appareil antédiluvien consistait en un couvercle de

37 métal placé devant l'objectif : 「彼の古めかしいカメラのシャッターは、レンズの前につけられた金属の蓋から成っていた」 antédiluvien : 「ノアの洪水 (Déluge) 以前の, 時代遅れの」 consister en... : 「〜から成る, 作られる」

8 tout ... sauf l'objectif que j'avais oublié : 「持って来るのを忘れたレンズを除くすべて」このエピソードは自伝の中で詳しく語られている。«Henri Matisse m'intriguait parce que sa personne n'avait aucun rapport avec son œuvre. Je connaissais un autoportrait qu'il avait peint au début de sa carrière, où il s'était donné une barbe verte, ce qui avait déclenché une tempête au temps du postimpressionnisme. Maintenant, il ressemblait à un médecin qui avait réussi : tweeds de bonne coupe et barbe rousse tirant sur le gris, soigneusement taillée. Ayant pris rendez-vous pour faire son portrait, je me présentai à son atelier, dans la banlieue de Paris. En ouvrant mon sac pour installer mon appareil, je constatai avec horreur que j'avais oublié l'objectif, emballé séparément. J'étais sur le point de me retirer en m'excusant, lorsque Matisse apparut avec un vieux Kodak qui, dit-il, contenait depuis l'été dernier de la pellicule vierge. (...)» *(Autoportrait)*

10 parce que je les avais fait faire selon mes indications : 「私の指示通りにレンズを作らせていたので」faire *inf* : 「〜させる」

12 un objectif de 30 centimètres de distance focale : 「焦点距離30センチのレンズ」

13 J'ai donc collé l'ouverture jusqu'à un petit trou et utilisé le voile noir comme obturateur. : 「そういうわけで私は小さな穴になるほど絞り込み、シャッター代りに暗幕を使ったのです。」

15 une image d'une précision si parfaite et si souple qu'elle fait état du moindre détail : 「完璧な正確さで撮られた像で、しかもとてもソフトなイメージなので、どんな細部もわかるほどなのです」si 〜 que ... : 「と

37 ても〜なので〜だ，〜するほど〜だ」
ex. Je suis **si** fatigué **que** je ne peux plus faire un pas.
faire état de... :「〜を考慮する，引き合いに出す，伝える」

Cela vous pèse-t-il d'être devenu une figure historique de l'histoire de l'art?

38 7 mais je suis, jusqu'à un certain point, axé sur la publicité sans laquelle il m'est impossible de faire une exposition :「ある程度までは，私（の芸術活動）は宣伝に拠っていて，それがなければ展覧会を開くこともできません」être axé sur qqch :「〜を軸にする，（関心などが）〜に向けられる」il est *adj.* à *qqn* de *inf.* :非人称構文．il は de 以下を受ける形式主語．

8 J'ai renoncé à la photographie il y a une vingtaine d'années :「20年ほど前に私は写真を止めました」renoncer à *qqch, inf.* :「〜をあきらめる，止める」une vingtaine de... :「（約）20の」

9 si cela me chante :「気が向けば」chanter à *qqn* :「（人）の気に入る」(*cf.* si j'en ai envie)

11 des laboratoires qui s'y entendent parfaitement :「申し分ないプリント技術を持つラボ」s'entendre à *qqch, inf.* :「〜に詳しい，精通する」

13 aucun dans la «créativité» : on n'a fait aucun progrès dans la «créativité» の意．

14 quelque deux cents de mes épreuves :「200枚ほどの私のプリント（写真）」quelque + 数詞：「およそ，約」

15 Le Modern Museum : Museum of Modern Art, New York ニューヨーク近代美術館　ニューヨーク市マンハッタン区，セントラルパーク南側に位置する美術館．1984年，開館50周年にあたり新館が完成．10万点余りにのぼる絵画，彫刻，素描，版画，建築，デザイン，映画，写真には，各芸術家の代表作が収められている．例えばピカソの『アヴィニョンの女

38 たち』，マティスの『赤いアトリエ』など．マン・レイに関しては，ジェームズ・スロール・ソビーがすぐれたプリントを選択し，150点余りを近代美術館に寄贈しており，当時どこよりも多く彼の写真を所有していた．

16 Metropolitan Museum : Metropolitan Museum of Art「メトロポリタン美術館」近代美術館とともに，ニューヨーク市セントラルパークをはさんで東側に面する世界屈指の大美術館で，収蔵品は300万点を超える．

18 Pasadena :「パサデナ」カリフォルニア州南西部，ロサンゼルスの東にある都市．

39 1 en contrebande :「こっそりと」

2 c'est alors comme s'il avait un certain succès :「そうなると，まるで彼がそれ相当の成功を手にしたかのようです」comme si... :「まるで～であるかのように」主節と同時のことを言うときは直説法半過去に，以前のことを言う場合は直説法大過去にする．

　　ex. Il court **comme s**'il *était* jeune.

　　　Elle est passée **comme si** elle ne m'*avait* pas *remarqué*.

マン・レイ略年譜

1890年　マン・レイ（本名エマヌエル・ロドニッキーEmmanuel Rudnitsky）8月27日フィラデルフィアに生まれる．両親はユダヤ系ロシア人の移民．

1897年　絵を描くことに強い関心を示す．

1904年　ハイスクールに進学．選択科目として自由画と機械製図を学ぶ．

1910年　フェレール・センターで絵画を勉強．このころからアルフレッド・スティーグリッツの画廊「291」に出入りするようになる．

1911年　最初の抽象作品『タペストリー』を制作．

1913年　アーモリー・ショーでデュシャンやピカビアの作品を見る．アドン・ラクロワと結婚．このころからマン・レイを自称するようになる．妻を通してフランス現代作家を知る．

1915年　ニューヨークのダニエル・ギャラリーで初の個展．デュシャンとの生涯の交友が始まる．写真を始める．

1916年　デュシャンや詩人ワルター・アレンズバーグらとともにニューヨークで「独立芸術家協会」(Society of Independent Artists Inc.)を設立．

1918年　〈アエログラフ〉（エアブラシ絵画）を始める．

1919年　アドン・ラクロワと離婚．第3回個展（ダニエル・ギャラリー）．

1921年　デュシャンと『ニューヨーク・ダダ』を刊行．パリに渡る．ダダイストたちに歓迎され，パリではじめての個展を開く．〈レイヨグラフ〉を始める．ベレニス・アボットと出会う．

1922年　トリスタン・ツァラの序文をつけた写真集『甘美なる場』(Champs délicieux)を刊行．「サロン・ダダ」展に出品．

1923年　はじめての映画『理性への回帰』(Retour à la raison)を制作．（このフィルムは失われて存在しない．）アボットを助手にする．

1924年　写真のモデルにもなった「モンパルナスのキキ」（アリス・プラン）と出会い，以後6年間同棲する．雑誌「文学」(Littérature)に『アン

	グルのヴァイオリン』 (Le Violon d'Ingres) を掲載.
1926年	デュシャンらとともに「貧血映画」（アネミック・シネマ Anémic Cinéma) を制作.
1928年	映画『ひとで（海の星）』(L'Etoile de mer) を制作.
1929年	映画『骰子城の秘密』(Les Mystères du châteaux de dés) 制作. リー・ミラー, 次いでビル・ブラントを助手にする.
1932年	パリの「ダダ回顧展 1916-1932」に参加.
1935年	詩エュアール, 写真マン・レイによる『ファシール』(Facile) がパリにて刊行.
1936年	ロンドンにおける国際シュールレアリスム展に参加. ニューヨーク近代美術館における「幻想芸術, ダダ, シュールレアリスム展」に参加.
1937年	詩エュアール, 素描マン・レイによる『自由なる手』(Les Mains libres) がパリで刊行.
1938年	パリの国際シュールレアリスム展に参加.
1940年	ナチによる占領の直前にパリのアトリエをたたみ, リスボンに脱出. そこからニューヨークに向かう. その後ハリウッドに移る.
1941年	『回転ドア』(Revolving doors) などの古い作品も含めた再制作を試みる. ロサンゼルスとサンフランシスコで個展.
1943年	絵画とレイヨグラフの展覧会（サンタバーバラ）.
1944年	1913-1944年までの各種の作品の回顧展（パサディナ美術学院）.
1945年	絵画・素描・写真・レイヨグラフの回顧展（ロサンゼルスのカウンティー美術館）
1946年	ジュリエットと再婚（エルンストとの合同結婚式）. オブジェの個展（ロサンゼルス）.
1951年	パリに戻る.
1954年	パリで『シェークスピアの方程式』(Shakespearian Equations) などの作品展.

1957年	パリの展覧会に出品した『破壊さるべきオブジェ』(Objet à détruire) が実際に破壊されるという事件が起こる．マン・レイは，新たに制作し直したその作品に『破壊されがたいオブジェ』(Objet indestructible) というタイトルをつける．
1959年	パリ，ニューヨークで5つの展覧会．
1961年	ヴェネチア写真ビエンナーレにおいて金賞受賞．
1962年	パリ国立図書館において写真とレイヨグラフの展覧会．
1963年	ロンドンで自伝『セルフポートレート』出版．アメリカ，ドイツ，イギリスで5つの展覧会．
1964年	ミラノで1920-1964年のオブジェの展覧会「31のお気に入りのオブジェ」開催．
1966年	ダダ50年祭で各種の展覧会に出品．初の大回顧展（ロサンゼルス，カウンティー美術館）
1971年	ロッテルダムのボイマンス＝ファン＝ブーニンゲン美術館において大回顧展．その展覧会は翌年パリ（国立近代美術館），デンマーク（ルイジアナ美術館）に巡回．
1974年	ニューヨーク文化センターで回顧展（ロンドン，トリノへ巡回）．
1976年	ヴェネツィア・ビエンナーレにおいて大写真展．11月18日，パリの自宅で死去．享年86歳．

参考文献

Man Ray, *Self Portrait*, Boston, Atlantic-Little, Brown & Company Inc., 1963. *Autoportrait*, Paris, Editions Seghers, 1964. マン・レイ著，千葉成夫訳『セルフ・ポートレート』美術公論社，1981年．

Man Ray, *la photograhie à l'envers*, Album de l'exposition du Musée national d'art moderne / Centre de création industrielle présentée au Grand Palais, Paris, du 29 avril 29 juin 1998, Éditions du Centre Pompidou, Paris, 1998.

Man Ray, *Ce que je suis et autres textes*, Paris, Hoëbeke, 1998.

Arturo Schwarz, *Man Ray : 60 ans de libertés*, Paris, Eric Losfeld, 1971.

Arturo Schwarz, *Man Ray, the rigour of imagination*, London, Thames and Hudson, 1977.

Neil Baldwin, *Man Ray, American Artist*, New York, Clarkson N. Potter, Inc., 1988. ニール・ボードウィン著，鈴木主税訳『マン・レイ』草思社，1993年．

『カメラ毎日別冊　マン・レイ』毎日新聞社，1984年．

イラスト： 内田敦子・山﨑怜太

© Man Ray Trust/ ADAGP, Paris & JVACS, Tokyo, 2001

編者紹介

藤田尊潮（ふじた・そんちょう）
武蔵野美術大学教授。1958年東京都生まれ。早稲田大学大学院博士課程満期退学。パリ第4大学DEA取得。フランス文学、比較文学（F・モーリアック、ベルナノス）。訳書：『世界樹木神話』（'95年、八坂書房・共訳）、『小さな王子』（'05年、八坂書房）など。著書：『パリのミュゼでフランス語！』（'02年、白水社・共著）、『やさしくミュゼでパリめぐり』（'05年、白水社・共著）、『「星の王子さま」を読む』（'05年、八坂書房）など。

マン・レイ「インタビュー」

2002年4月1日　初版第1刷発行
2006年2月10日　初版第2刷発行

編者／藤田尊潮

編集・制作／武蔵野美術大学

表紙デザイン／山口デザイン事務所

発行所／株式会社武蔵野美術大学出版局
180-8566　東京都武蔵野市吉祥寺東町3-3-7
電話 0422-23-0810

印刷・製本／望月印刷株式会社

落丁・乱丁本はお取り替えいたします。

© Fujita Soncho 2002
ISBN4-901631-10-1 C3085